Carolyn Williford

Mehr Andachten für Familien, die nicht stillsitzen können

FRANCKE
Verlag der Francke-Buchhandlung GmbH

Die Deutsche Bibliothek – CIP-Einheitsaufnahme

Williford, Carolyn:
Mehr Andachten für Familien, die nicht stillsitzen können / Carolyn Williford.
[Dt. von Agentur Lardon, Roselinde Pässler]. – Marburg an der Lahn : Francke, 1993
(Das helfende Wort : Ratgeber)
ISBN 3-86122-064-4

Originaltitel: MORE DEVOTIONS FOR FAMILIES THAT CANT SIT STILL

Deutsch von Agentur Lardon / Roselinde Päßler
Umschlaggestaltung: Agentur Lardon, Hamburg
Satz: Druckerei Schröder, 3552 Wetter/Hessen
Druck: St.-Johannis-Druckerei, Lahr-Dinglingen

Das helfende Wort – Ratgeber

Inhaltsverzeichnis

Einleitung

Diesen Sommer war es also wieder einmal soweit. Ich hätte wissen müssen, daß uns „große Dinge" erwarteten, als ich Anfang Juni plötzlich völlig durchnäßt war, anstatt – wie beabsichtigt – Eiswürfel aus dem Gefrierschrank nehmen zu können. Nachdem ich den ersten Schreck überwunden hatte, untersuchte ich hastig das restliche Gefriergut. Natürlich war alles aufgetaut – und die Garantiezeit für das Gerät längst abgelaufen. Und trotzdem: obgleich die meisten Geräte kurz nach Ablauf der Garantiefrist kaputtzugehen scheinen, *liebe* ich Garantien. Ich fühle mich sicher in der Gewißheit, daß mir die Garantie, ganz gleich was passiert, das geben wird, was ich bezahlt und mir gewünscht habe.

Als meine Söhne zur Welt kamen, wurde uns jedoch keinerlei Garantieurkunde mitgeliefert. Wir als Eltern investieren enorm viel an Zeit, Kraft, Geld (wobei die emotionalen und physischen Anstrengungen weit schwerer wiegen als die finanziellen Aufwendungen) und im Grunde einen Teil von uns selbst in unsere Kinder. Wir werden jedoch nirgends eine Urkunde finden oder einfordern können, die eindeutig besagt: „Aufgrund Ihrer Anstrengungen und Investitionen erhalten Sie für dieses Kind eine schriftliche Garantie, daß es mit achtzehn Jahren in allen wichtigen Lebensfragen die richtige Entscheidung treffen und stets ein gottgefälliges Leben führen wird." Als Eltern von Schulkindern fällt es uns besonders schwer, uns mit dem Gedanken abzufinden, daß es für Elternschaft und Erziehung keine Garantien gibt. Im Gegenteil suchen wir in dieser Zeit um so mehr nach dem richtigen *Rezept* für unsere Erziehung. Wir glauben, hoffen und beten, daß wir, wenn wir uns nur bemühen, alles richtig zu machen, und alles Menschenmögliche für unsere Kinder tun, auf die „Zauberformel" stoßen und tatsächlich eine Art Garantie finden *werden.* Aber leider gibt es *keine* solche Garantie. Wie sehr wünschte ich mir, es gäbe sie!

Bedeutet das, daß wir als Eltern unsere Anstrengungen aufgeben und nicht mehr versuchen sollen, unsere Kinder zu lehren, worin das Wesentliche unseres Lebens besteht – nämlich uns nach Christus auszustrecken? Keineswegs! Wir sollen vielmehr weniger Kraft für die Suche nach jener Zauberformel einsetzen und uns statt dessen mehr auf das konzentrieren, *worin* wir investieren, auf das, was Ewigkeitswert besitzt. Wie wir als Eltern unsere Kraft und Zeit einsetzen, darf keinen Zweifel an der Frage offenlassen, was uns wert und wichtig ist – unsere Kinder. Das muß *Gott* und unseren *Kindern* gegenüber ganz deutlich werden.

Das hat mich dazu motiviert, eine neue Art von Familienandachten auszuprobieren: eine aktive Art, Andacht zu halten, welche Anbetung, Gemeinschaft und gemeinsame Freude zu einem „lebendigen" christlichen Lebensstil vereint. Nachdem ich den „Ihr-Kinder-sitzt-still-während-wir-Eltern-lesen" – Stil abgelehnt hatte, weil er für unsere Söhne Eintönigkeit und Langeweile bedeutete, suchte ich für unsere Familie nach einer Zeit mit Gott, in der anschaulich deutlich würde, daß Gottes Wort *lebendig* ist und uns auch für unsere Gegenwart soviel zu sagen hat. Wir experimentierten, tasteten uns immer weiter voran, erlitten zuweilen vernichtende Niederlagen. Aber am Ende war es uns, mehr als ich je zu hoffen gewagt hatte, gelungen, als Familie wertvolle Zeiten der Begegnung mit Gott und seinem Wort zu erleben.

Die vergangenen sechs Jahre haben uns viele Überraschungen (gute *und* schlechte!), viel Freude und unbeschreibliche Erfahrungen gebracht. In meinem ersten Buch *„Andachten für Familien, die nicht stillsitzen können"* haben wir Willifords Sie eingeladen, einen Blick in unser Zuhause zu werfen und an diesen Erlebnissen teilzuhaben. Wir freuen uns, Ihnen nun weitere Vorschläge für Andachten weitergeben zu können, die wir in den vergangenen beiden Jahren erprobt haben. Einige davon werden Sie überraschen – in positiver *und* in negativer Weise –, aber wir freuen uns, Ihnen tatsächlich eine Garantie mitliefern zu können. Wenn Ihre Familie alle Andachten in diesem Buch ausprobiert hat, und Ihre Liebe zu Gott und untereinander nicht gewachsen ist, dann können Sie getrost Ihre *alte* Andachtsform wieder aufnehmen.

Neue Verhaltensmuster einüben: Herr über unseren Terminkalender werden

Ich habe gelernt, daß Eltern, die sich für diese aktiven Andachten begeistern können, sie noch lange nicht selbst durchführen. Es ist in der Tat immer schwierig, Gewohnheiten zu ändern und neue Verhaltensweisen einzuüben. In besonderer Weise trifft das auf die Familie in unserer heutigen Zeit zu, und zwar hauptsächlich aus einem bestimmten Grund: dem TERMINKALENDER.

So sahen beispielsweise in diesem Frühjahr die Abende bei uns aus:

DIENSTAG: Jay – Leichtathletik; Robb – leitet Leichtathletikgruppe; Vati (und wahrscheinlich auch Mutti) – Gemeindeversammlung
MITTWOCH: Gebetskreis; Jay – Basketballtraining und/oder Spiel; Robb – Übungsstunde der Band
DONNERSTAG: Robb – Jugendkreis; Jay – Basketballtraining und/oder Spiel; Vati – Gemeindeversammlung
FREITAG: Robb – Veranstaltung mit der Jugendgruppe; Jay – Basketballspiel
SAMSTAG: Robb – Mitarbeiterkreis; Jay – Basketballspiel

Wir könnten noch verschiedene andere Veranstaltungen, zum Beispiel in der Schule und in der Gemeinde, Proben, Konzerte der Band usw. hinzufügen. Ich glaube, Sie verstehen, was ich meine, denn Ihr Terminkalender sieht gewiß ganz ähnlich aus. Vielleicht unterscheidet sich die Art der Veranstaltungen, aber eines ist gleich: *es gibt keine freien Termine* mehr!

Es wird Ihnen jedoch aufgefallen sein, daß ich den Montag in meiner Aufzählung ausgespart habe. Der Montagabend ist nämlich seit einiger Zeit unser Familienabend. Natürlich gibt es Verabredungen, die kurzfristig eingeschoben werden müssen, Notfälle und Veranstaltungen, die unseren Rhythmus zuweilen unterbrechen. Trotzdem halten wir an diesem einen Abend *für uns* fest, einem Abend, an dem wir eine gemeinsame Zeit der Andacht planen können. Das ist also der erste Schritt für einen gemeinsamen Abend als Familie: TRAGEN SIE IHN IN DEN KALENDER EIN – und zwar mit Tinte.

Was sollen wir tun, wenn einfach *kein* Abend mehr frei ist, an dem alle Familienmitglieder zu Hause sein können? Wenn wir mit dem einen Kind in die eine Richtung hetzen, bevor wir ein anderes genau an das andere Ende der Stadt bringen, und wir selbst möglicherweise noch an einem dritten Ort erwartet werden?

Vielleicht sind Ihre Kinder noch klein, und dieser hektische Terminkalender betrifft sie noch nicht. Sie müssen jedoch wissen, was auf sie zukommt, um nicht ganz allmählich und unbemerkt in diesen Lebensstil hineinzuschlittern. Diejenigen, für die diese hektische Terminplanung bereits Realität ist, müssen zuallererst erkennen, wie und warum dieser schnellebige Lebensstil entstanden ist, bevor sie überhaupt beginnen können, ihn zu identifizieren, zu beherrschen und etwas dagegen zu tun. Das klingt, als würde ich eine Krankheit beschreiben, nicht wahr? Ja, und ich glaube, *genau* das ist es auch – eine Krankheit, die für Ihr Familienleben *tödlich* sein kann!

Die Krankheit: Das „Vergnügungssyndrom"

Kürzlich las ich einen Artikel über Howard Fields, der „Hunderte glanzvoller und traumhafter Wasserspektakel im Zeitalter des ‚demonstrativen Konsums'" entworfen hat. Mit anderen Worten: er baut Swimmingpools – *märchenhafte* Swimmingpools. Mr. Fields sagt uns, daß normale, rechteckige Pools nicht mehr gefragt sind. Statt dessen wollen die Leute „ihren eigenen Dschungel, ihren privaten Ozean. Man muß ihnen ein völlig neues Erlebnis verschaffen ... Vor zwanzig Jahren gab es solche Erwartungen noch nicht." Und in bezug auf das, was wir mit der uns zur Verfügung stehenden Zeit tun, sagt er: „Schauen Sie, die Leute versuchen heutzutage, mehr aus ihrer Zeit zu machen. Es geht nicht mehr nur um eine Grillparty im Garten ..." Könnte es sein, daß wir Eltern es auf nahezu allen Gebieten des Lebens „märchenhaft" haben wollen; und besonders im Hinblick auf die Aktivitäten unserer Kinder?

Natürlich müssen wir feststellen, daß die elterlichen Erwartungen in unseren Tagen die vergangener Generationen bei weitem übersteigen. Wir leben in der Zeit ungeahnter Möglichkeiten, der Computer, der Spitzentechnologie, und unseren Kinder steht somit ein ungeheurer Schatz wertvoller Erfahrungen zur Verfügung – an die man vor zehn oder zwanzig Jahren noch nicht einmal gedacht hat. Gehen wir davon aus, daß alle diese Erfahrungen lohnend und nutzbringend sind: Schwimmunterricht, Computerlehrgänge, Basketballspiele, außerschulische Freizeitprogramme, Pfadfinder, Bands, verschiedene Sportgruppen (muß ich noch mehr aufzählen?) – wann sagen wir nein? Wann sagen wir, jetzt ist es genug?

Wenn wir die Philosophie von Mr. Fields (die, auf einen Nenner gebracht, bedeutet: „Ich will immer mehr") auf alle die Möglichkeiten beziehen, die unseren Kindern offenstehen, dann kann es sein, daß wir als Eltern einen intensiven Druck verspüren oder sogar *fürchten, daß unser Kind etwas verpassen könnte.* Wenn wir es dann zulassen, daß dieser Druck uns – und unser Leben – beherrscht, dann, glaube ich, leiden wir an einer ernsthaften Krankheit, dem „Vergnügungssyndrom".

Vielleicht ist es notwendig, daß Sie Ihre Familie auf die Zeichen dieser Krankheit untersuchen. Überprüfen Sie Ihren Lebensstil auf folgende tödliche Symptome:

SYMPTOM EINS: Ihr Kalender sieht bereits wie ein Computerausdruck aus. Trotzdem fügen Sie regelmäßig noch neue Aktivitäten hinzu, ohne vorher realistisch geprüft zu haben, wie sich das auf Ihren Lebensstil auswirkt. Jedes neue Betätigungsfeld („Er kann dieses Jahr in der Theatergruppe der Schule mitwirken? Prima! Schreiben Sie ihn ein!") wird als großartige Möglichkeit, die man nicht versäumen sollte, betrachtet und somit ohne echte Prüfung aufgenommen. Bin ich in der Lage, zu analysieren und Prioritäten zu setzen? Kann ich nein sagen zu einer wertvollen, aber sehr zeitaufwendigen Tätigkeit?

SYMPTOM ZWEI: Das Abendessen wird ständig „in Schichten" eingenommen. Der Sohn schnappt sich vor dem Fußballtraining schnell einen Joghurt und die Tochter verzehrt ihr Sandwich auf dem Weg zum Turnen, Mutter ißt, (natürlich) *während* sie die Kinder chauffiert, und Vater macht auf dem Weg zum Fußballspiel des Sohnes einen Abstecher zu MacDonald. Gewiß wird es in unserer schnellebigen Zeit solche Abende geben. Ist das jedoch zu einer *normalen* – und somit akzeptierten – Gewohnheit in meiner Familie geworden?

SYMPTOM DREI: Die Kinder werden in einem so ungeheuren Tempo durch ihr Leben getrieben, daß sie bereits die ersten Anzeichen von Streß und Erschöpfung aufzuweisen beginnen – Kopfschmerzen, Bauchschmerzen, Alpträume, Gereiztheit. Das klingt unglaublich? Experten sagen uns, daß dieser Druck heutzutage bereits *im Vorschulalter* beginnt. Eifrige Eltern unternehmen enorme Anstrengungen, damit ihre Sprößlinge die beste Vorschule besuchen können, getrieben von der Angst, ihr Kind ja nicht zurückbleiben zu lassen. Warum ist das so wichtig? Weil sie, wenn sie zwei sind, sich schon Sorgen machen, welche Schule und welche Kurse sie am besten besuchen sollen.

Zahlreiche Erzieher und Psychologen führen Untersuchungen zu diesem gehetzten Lebensstil unserer Kinder durch. Die Kinderpsychologin Antoinette Saunders sagt dazu: „Man plant das Familienleben um die verschiedenen Aktivitäten herum, wobei den Aktivitäten die Priorität eingeräumt wird ... Es ist katastrophal. Wir schätzen die Zeit nicht, die wir gemeinsam verbringen." Wie empfinden unsere Kinder das? „Kinder sagen mir, sie meinen, Ihre Eltern schicken sie deshalb zu den zahlreichen Aktivitäten, damit sie sie los sind und nicht mit ihnen zu spielen brauchen", sagt Saunders. Ist das die Botschaft, die ich meinen Kindern vermittle?

SYMPTOM VIER: Der Sonntag wird somit zum einzigen Tag, an dem man nirgends hinzueilen braucht und einfach nur beisammen sein kann. Somit wird der Gottesdienst leicht zu etwas, das man *opfern kann.* Nachdem man eine ganze Woche lang jeden Tag zu allen möglichen Aktivitäten gehetzt ist, wird der gemeinsame Gottesdienstbesuch der Familie am Sonntag zu einem weiteren Ärgernis. Habe ich den wöchentlichen Familiengottesdienst in meiner Gemeinde aufgegeben, als Ausgleich für meinen hektischen Lebensstil?

Umgekehrt kann es auch so sein, daß wir diesen unruhigen Lebensstil ebenfalls auf unser Gemeindeleben übertragen. Mit Höchstgeschwindigkeit rasen wir förmlich durch die verschiedenen Veranstaltungen, wobei sich zwangsläufig auch das entsprechende Maß an Ärgernissen einstellt. Das macht unseren Gottesdienstbesuch nicht nur bedeutungslos, echter Gottes-Dienst wird so unmöglich. Sind die Veranstaltungen am Sonntag zu einer weiteren *Störung* geworden, die wir so schnell wie möglich als „erledigt" abhaken möchten?

SYMPTOM FÜNF: Die Abende sind so mit Terminen vollgepackt, daß wir auch nicht *einen* Abend pro Woche als Familie *zu Hause* sein können. Und wenn wir schon einmal einen Abend zu Hause verbringen, sind wir so erschöpft, daß wir uns einfach willenlos vor dem Fernseher ausstrekken. Außerdem läuft ja gerade ein ausgezeichnetes Unterrichtsprogramm ...

Zeit für die Auswertung: Leidet meine Familie an dieser Krankheit?

Als erstes müssen wir uns von dem Mythos befreien, wir Christen *könnten* uns nicht mit diesem tödlichen Virus infizieren. Ich bezeichne es deshalb als einen Virus, weil das die Sache so treffend zu beschreiben scheint: der Druck und die Angst, die uns zu diesen übervollen Terminkalendern treiben, rühren oft daher, daß die *Nachbarkinder* an allen diesen wichtigen Aktivitäten teilnehmen. (Bestimmt haben Sie es selbst oft genug gehört: „Aber, Mutti, Peggys Eltern erlauben ihr, am Eislaufunterricht teilzunehmen!") Wir sind nicht dagegen gefeit, das Beste für unsere Kinder zu wollen, und wir sollten es auch nicht sein. Wir sollten aber stets auf der Hut sein und prüfen, ob das *Beste,* das wir wollen, vielleicht am Ende nur eine Umschreibung von Mr. Fields „Ich möchte mehr"-Philosophie ist. Wenn Eltern dieses ‚das *Beste* zu wollen' auf die Spitze treiben, können Kinder daran zugrunde gehen.

Nein, wir können als christliche Eltern nicht behaupten, gegen jegliches Versagen gefeit zu sein. Im Gegenteil kommt bei uns noch ein weiteres Betätigungsfeld hinzu, ein lohnendes, nämlich das Leben und die Aktivitäten in unserer *Gemeinde.* Als Pfarrfrau weiß ich, daß ich gefährliches Land betrete. Wenn unsere Gemeinde zahlreiche wertvolle Aktivitäten anbietet, müssen wir dabei bedenken, daß ihr Anliegen darin besteht, viele Möglichkeiten zu unterschiedlicher Betätigung zu schaffen. Ich weiß, daß unsere Gemeinde versucht, Programme für alle verschiedenen Veranlagungen der Kinder anzubieten: Sport, Musik (Chor und Instrumente), kreative, intellektuelle Angebote, solche für eher introvertierte als auch für extrovertierte Kinder, lehrreiche Beschäftigung mit behinderten Kindern. Werden diese unterschiedlichen Programme mit dem Ziel entwickelt, daß jedes Kind jede Veranstaltung besucht? Keineswegs! Unsere Gemeinde macht dieses breitgefächerte Angebot vielmehr deshalb, damit sich jedes Kind die Beschäftigung aussuchen kann, die seinen Wünschen und Bedürfnissen entspricht. Eltern, die ihre Kinder zu *allen* Aktivitäten schicken, ärgern sich vielleicht am Ende über diese Angebote, die die Gemeinde in der Absicht entwickelt hat, die Eltern in ihrer schwierigen Aufgabe der Kindererziehung zu *unterstützen.*

Weil wir als Christen nicht immun sind gegen diesen Virus, besteht unsere erste Verteidigungslinie in dieser Erkenntnis. Erst dann können wir beginnen, unser Leben realistisch zu betrachten und es entsprechend der Prioritäten, von denen wir reden, einzuschätzen. *Prioritäten, von denen wir reden,* sage ich deshalb, weil wir oftmals kaum darüber hinauskommen – eine geistlich klingende Aufzählung, die uns so schnell über die Lippen kommt. (Und zuallererst spreche ich hier zu *mir;* diese harten Lektionen – an denen ich mein Leben lang arbeiten muß – gründen sich auf meine eigenen Erfahrungen.) Prioritäten werden nicht durch passives Aufzählen gesetzt, sie erfordern eine aktive Einschätzung unseres alltäglichen Lebens. *Lebe ich wirklich das, was ich sage?* Und wo sollte ich mit meiner Auswertung beginnen? *Bei mir zu Hause, dem Laboratorium für geistliches Wachstum!*

Das Heilmittel: Nein sagen!

Das Wort *nein* kann meiner Meinung nach schrecklich irreführend sein. Es ist so kurz, klingt so einfach und spricht sich scheinbar so leicht. Unzählige Male wird es tagtäglich von Kleinkindern hervorgestoßen, und ihre Eltern übertreffen sie möglicherweise noch darin. Diejenigen, die gerade Teenager haben, finden sich in den gleichen bekannten Kreislauf zurückversetzt. Warum können wir als Erwachsene mit soviel Erfahrung nicht weise und umsichtig vorgehen und dem Wort entschlossene Taten folgen lassen?

Bei Kleinkindern gebrauchen wir das Nein meist dann, wenn sie sich offensichtlich in Gefahr begeben. „Nein, du darfst den heißen Ofen nicht anfassen!“ oder „Nein, du darfst im Einkaufswagen nicht aufstehen!“ Und wir ergreifen dann auch entschlossene Maßnahmen, denn die Sicherheit unseres Kindes steht auf dem Spiel. Wenn ich zu einer nützlichen Betätigung, wie zum Beispiel zum Eislaufunterricht, nein sage, dann scheint das egoistisch von mir zu sein: ich verweigere dem Kind das Recht auf eine neue Erfahrung, die ihm Nutzen bringt und Freude bereitet, und, was äußerst wichtig ist, vermutlich sein Selbstwertgefühl erhöhen wird – ein absolutes „muß“ für Kinder heutzutage. Wie könnte ich also dazu nein sagen? Oder wenn sich die Möglichkeit zu irgendeiner anderen neuen Aktivität ergibt?

Vielleicht liegt die Antwort in folgender Erkenntnis. Zu viele Aktivitäten bedrohen die Sicherheit meines Kindes ebenso wie das Berühren eines heißen Ofens oder das Aufstehen in einem Einkaufswagen. Als Eltern sind wir für die Sicherheit unserer Kinder verantwortlich, und wenn wir sie soweit überlasten, daß sie die ersten Anzeichen von Streß und Erschöpfung zeigen, dann *müssen* wir nein sagen.

Oder wenn wir keinen Abend als Familie zu Hause verbringen, müssen wir auch nein zu Veranstaltungen außerhalb sagen, weil die Zeit, die eine Familie gemeinsam verlebt, unschätzbaren Nutzen bringt. Das Gefühl der Zusammengehörigkeit und das Selbstwertgefühl werden gestärkt, indem sich die einzelnen Familienmitglieder bestätigen: „Du bist einzigartig, und du wirst gebraucht als ein Teil unserer Familie.“ Man hat Gemeinschaft, Spaß, und man erlebt *Sicherheit.*

Craig und ich haben – begleitet von mißbilligendem Stirnrunzeln anderer Eltern und unseren eigenen inneren Kämpfen – zu einer Reihe an sich nützlicher Aktivitäten für unsere Söhne nein gesagt. Wir haben das erst nach sorgfältiger Prüfung unserer Prioritäten und der Auswirkung dieser Aktivitäten auf unseren Terminkalender getan. Ja, wir fühlten uns schuldig! Später aber waren wir erleichtert, als wir hörten, wie sich andere Eltern über die Hektik beklagten, die die Aktivitäten mit sich brachten, die wir vorbeigehen ließen. Wir stellten fest, daß wir unsere Entscheidung nicht bereuten. Und unsere Söhne erstaunlicherweise auch nicht!

Das Ergebnis: Sie sind Herr über Ihren Terminkalender

Wenn Sie einmal den Mut zum ersten Nein aufgebracht haben, werden Sie noch einen versteckten Nutzen entdecken. Das nächste Schuljahr wird eine Fülle von Möglichkeiten mit sich bringen, und wieder werden Sie in manchem nein sagen müssen. Und wieder werden Angst, Druck und Schuldgefühle Ihre Entscheidungen begleiten. Wenn Sie aber einmal beschlossen haben, daß man eine wunderschöne Betätigung auch auslassen kann (ohne daß das Kind nicht wiedergutzumachenden Schaden leidet), werden Sie feststellen, daß Sie den ersten gewaltigen Schritt getan haben: Sie haben einen Präzedenzfall, ein exemplarisches Beispiel, geschaffen. Und das macht das *zweite* Nein ein kleines bißchen einfacher.

Außerdem haben Sie vielleicht zum ersten Mal das Gefühl: „Wir beherrschen unseren Terminkalender jetzt besser", welches an die Stelle des früheren: „Unser Terminkalender treibt uns ständig voran" tritt. Beachten Sie bitte, daß ich nicht gesagt habe, daß wir unseren Terminkalender immer im Griff haben werden. Tage oder Wochen, in denen wir von einem Termin zum anderen hetzen, gehören meiner Ansicht nach einfach zu der Zeit, in der wir leben. Eine solche Woche, die uns außer Kontrolle gerät, sollte jetzt hoffentlich aber nicht mehr die Norm, sondern die Ausnahme sein. Wenn wir einmal festgestellt haben, daß wir unsere Aktivitäten in gewisser Weise beherrschen können, wird es uns andererseits auch um so deutlicher, wie uns der Kalender ohne unsere bewußten Entscheidungen erbarmungslos beherrscht und treibt. Das macht mich noch entschlossener, jede neue Möglichkeit, die sich uns bietet, sorgfältig einzuschätzen, abzuwägen und Prioritäten zu setzen.

Schließlich hoffen wir, daß Ihre Entscheidungen Ihnen zu einem Familienabend verhelfen, den Sie mit Tinte in Ihren Kalender eintragen, und an dem Sie gemeinsam Zeit haben, Gott zu begegnen. Dieses Ziel werden Sie jedoch nur erreichen, wenn Sie die Entscheidung getroffen haben, die diese Abende letztlich ermöglicht. Nur Mut! Sagen Sie nein! Vieleicht ist Ihnen sogar wieder wie einem Zweijährigen zumute!

1. Wie man Familienandachten am besten nutzt

Wie die Vorschläge in meinem ersten Buch wurde auch jede der folgenden Andachten im „Williford-Laboratorium“ erprobt. Entstanden sind diese Ideen auf der Grundlage meiner persönlichen Stillen Zeit, offenkundiger Bedürfnisse einzelner Familienmitglieder und den jeweiligen Notwendigkeiten (und Wünschen) unserer Familie in der betreffenden Zeit. (Bitte beachten Sie, daß die „ernsteren“ Andachten sich in unserer Familie auf die verschiedenen Feiertage beziehen. Sie sind in meinem ersten Buch enthalten, und ich möchte sie nicht wiederholen. Benutzen Sie also bitte mein erstes Buch, wenn Sie Beispiele für „ehrfürchtigere“ Andachten suchen.) Wir hoffen, daß diese Vorschläge Ihnen als Sprungbrett zu Ihren eigenen Andachten dienen, maßgeschneidert auf die Bedürfnisse Ihrer einzigartigen Familie.

Ein wesentlicher Unterschied zwischen meinem ersten Buch und diesem – der ganz offensichtlich widerspiegelt, daß unsere Söhne in eine andere Altersgruppe hineingewachsen sind –, ist das Kapitel „Entwicklung einer positiven Beziehung zwischen Eltern und Kindern in der Vorpubertät und den Teenagerjahren“. Als Eltern sind wir stets bemüht, unseren Kindern zu helfen, sich auf die Teenagerjahre vorzubereiten. Regelmäßige Familienandachten sind ein wesentlicher und lohnender Schritt auf dem Weg zu diesem Ziel. Craig und ich wollten unseren Söhnen als Vorbereitung auf diese entscheidenden Jahre jedoch auch individuell Zeit und Aufmerksamkeit schenken.

Deshalb haben wir eine Reihe von Gewohnheiten entwickelt, Tätigkeiten, die wir jeweils mit einem unserer Söhne allein durchgeführt haben. Weil das sowohl für uns als Eltern als auch für unsere Söhne so hilfreich war, möchten wir Ihnen auch diese Vorschläge weitergeben.

Interesse wecken

Wenn ich über dieses Material spreche, stellen mir Eltern gewöhnlich zwei grundlegende Fragen: „Wir haben noch nie etwas in dieser Art gemacht. Wie sollen wir anfangen?“ und „Wie halten wir das Interesse unserer Kinder wach, nachdem wir es einmal geweckt haben?“

Der Einstieg kann schwierig sein. Ihre Kinder könnten zu dem Schluß kommen, daß Sie völlig den Verstand verloren haben, wenn Sie zum Beispiel mit einer Andacht aus den Sprüchen beginnen, bei der Familienmitglieder den ganzen Tag einen Ziegelstein mit sich herumschleppen müssen. Ich würde mit etwas Lustigem beginnen, wo auch die Bewegung nicht zu kurz kommt, wie zum Beispiel „Willkommene Abwechslung im Winter“ oder „Verrückte Partnerstafette“. (Aus meinem ersten Buch haben Freunde zum Beispiel „Riesen töten“ als Einstiegsandacht gewählt.)

Diese erste aktive gemeinsame Andacht soll Ihrer Familie Appetit auf die folgenden machen. Sicher möchten Sie zu Beginn ausdrücklich erklären, daß diese Andachten bestimmt anders sein werden, daß jeder sich aktiv beteiligen soll, daß es Spaß machen und für die ganze Familie von Nutzen sein wird. Wenn das einmal angekommen ist – was in unserer Familie etwa bedeutet: „Mal sehen, was sich Mutti diese Woche wieder ausgedacht hat!“ – wird es auch leichter möglich sein, zum Beispiel ernstere Andachten im Wechsel mit dem Spielen biblischer Geschichten oder Dingen, die einfach nur Spaß machen, durchzuführen.

Ich habe mir angewöhnt, einen „Aufhänger“ für unsere Andachten zu gebrauchen. Fast immer fertige ich eine „Tischkarte“ an (nähere Anweisungen dazu später), die ich auf den Abendbrottisch stelle. Sie lenkt im allgemeinen die Aufmerksamkeit auf unsere Andacht an dem betreffenden Abend. Vor kurzem schrieb ich auf unsere Tischkarte: „Einen Schnurrbart wachsen lassen“, und die ganze Familie riet – falsch! –, womit wir uns beschäftigen wollten. Ein anderes Mal schrieb ich Sprüche 25, 15-22 darauf und sagte meiner Familie, daß wir einen dieser Sprüche anschaulich darstellen wollten. Sie rätselten (und lachten), welcher Spruch wohl gemeint war. (Vielleicht möchten Sie die betreffende Stelle nachlesen, um den Spaß besser zu verstehen.)

Es geht also darum, „Köder“ auszulegen, mit denen wir die Aufmerksamkeit unserer Familie gewinnen.

Interesse wachhalten

Als Eltern müssen wir eine wesentliche Bedingung erfüllen, nämlich bereit zu sein, uns aktiv zu beteiligen und uns auch einmal wie Kinder zu benehmen. In einem Artikel von D.C. Rudd werden Rabbiner zitiert, die einer Klasse von Erwachsenen gesagt haben, „daß ein Sketch, eine Spur kindgemäßen Verhaltens und ein großer Schuß Kreativität dazu beitragen werden, die traditionelle Passahmahlzeit zu beleben und ihr mehr Gewicht zu verleihen." Später zitiert er Rabbi Poupko mit den Worten: „Ich hatte einen Großvater, der ein großartiger Rabbi war ... Wissen Sie, was er zur traditionellen Passahmahlzeit zu tun pflegte? Er stand auf und marschierte, einen Sack mit einem Stück ungesäuertem Brot wie ein Landstreicher über die Schulter geworfen, um den Tisch, um deutlich zu machen, wie die Juden Ägypten damals verlassen haben." Rudd berichtet weiter, daß die Klasse zu kichern begann, er jedoch fortfuhr: „Ich meine das todernst ... Genau das sollen Sie tun ... sich wie ein Kind benehmen." Ich kann das nur bestätigen.

Ja, ich glaube, daß Craig und ich einfach lächerlich wirkten, als wir (noch dazu mit Robb bzw. Jay verkettet) durchs Haus rannten und uns gegenseitig mit Eis am Stil fütterten (und unsere Gesichter dabei natürlich mit Eis und Schokolade beschmiert wurden); wie wir uns gegenseitig mit leeren Einschlagpapierrollen schlugen oder im Haus mit Küchengeräten Krocket spielten. Machte uns das etwas aus? Keine Spur! Im Gegenteil, wir machen diesen Spaß gern mit, weil wir wissen, daß er in so vielfältiger Weise Gott die Ehre gibt. Und wenn wir als Eltern mit diesem Beispiel vorangehen, werden unsere Kinder uns folgen, auch wenn sie die ganze Zeit (am Anfang vielleicht sogar skeptisch) grinsen.

Achten Sie bei Ihren Andachten unbedingt auf Abwechslung. Auf eine ernstere Andacht lasse ich gewöhnlich in der nächsten Woche einen aktiven Abend folgen, an dem wir einfach nur Spaß miteinander haben. Das Geheimnis liegt darin, *flexibel* zu sein, zu spüren, was Ihre Familie in der *betreffenden Woche* gerade braucht. Das kann auch bedeuten, daß ich *heute* meine Pläne ändern muß, weil die Kinder für eine ernste Andacht einfach zu aufgewühlt sind, oder weil ein Kind seelisch verletzt worden ist und dringend Hilfe braucht, um sein Selbstwertgefühl neu aufzubauen.

Vielleicht ist zuweilen auch eine offene Gesprächsrunde nötig, um Probleme oder Streitigkeiten innerhalb der Familie ausdiskutieren zu können. In einem solchen Fall beginnen wir mit einer Andacht, die wir „Was empfinde ich, wenn ..." überschrieben haben. In unserer Familie findet so ein Forum recht häufig statt (oft auf Wunsch unserer Söhne). Wir haben festgestellt, daß das für die Kommunikation innerhalb unserer Familie sehr förderlich ist. Und nochmals: das Eingehen auf die aktuellen Bedürfnisse ist oberstes Gebot. Wenn ich schon eine Andacht geplant habe und feststelle, daß wir unbedingt über ein bestimmtes Thema sprechen müssen, hebe ich die vorbereitete Andacht einfach für später auf.

Achten Sie vor allem auch darauf, daß Ihre Familienandacht auf *Ihre* einzigartige Familie zugeschnitten ist. Im Gebet (einzeln und gemeinsam) die Bedürfnisse Ihrer Familie zu ergründen, ist eine unabdingbare Voraussetzung, nutzbringende Familienandachten zu beginnen und sie fortzusetzen.

Wie man die Andachten den unterschiedlichen Altersgruppen anpaßt

Obgleich dieser Abschnitt für diejenigen Leser, die mein erstes Buch bereits kennen, eine Wiederholung bedeutet, möchte ich ihn trotzdem noch einmal als Hilfe für alle vorstellen, die gern wissen möchten, was für welche Altersgruppe geeignet ist. Die Andachten in diesem Buch sind im allgemeinen für die Grund- und Mittelstufe geeignet, das heißt für Kinder zwischen etwa sechs und dreizehn Jahren. Unsere Söhne, jetzt zwölf und fünfzehn Jahre alt, befinden sich schon an der Grenze dieses Bereichs, bzw. haben ihn bereits überschritten. Die meisten dieser Andachten lassen sich jedoch leicht für jüngere oder ältere Kinder anpassen. Und noch eine gute Nachricht: Nachdem wir diese aktiven Andachten sechs Jahre praktiziert haben und unsere Söhne mit Volldampf zu Teenagern werden oder schon geworden sind, freuen sie sich immer noch auf diese Andachten und machen begeistert mit.

Ein guter Zeitpunkt, mit dieser Art Andacht zu beginnen, ist, wenn die Kinder etwa sechs Jahre alt sind. In diesem Alter fingen unsre Jungs an, sich beim „normalen“ Bibellesen und Singen zu langweilen. Mit dem Schulbeginn erwirbt das Kind in diesem Alter Fähigkeiten, die es in den verschiedensten Bereichen voranbringt: Zusammenarbeit in Gruppen, Entwicklung der Feinmotorik für einen geschickten Umgang mit Stiften, Körperbeherrschung und –koordination bei den verschiedensten Sportspielen, die Arbeit an der Sprache sowie Lesen und Schreiben. Diese unterschiedlichen Fähigkeiten brauchen wir für unsere aktiven Familienandachten. Bei der Anpassung dieser Andachten für Kinder zwischen sechs und dreizehn Jahren, müssen sich die Eltern zunächst über die Möglichkeiten und Fähigkeiten ihrer Kinder im klaren sein.

Fragen Sie sich zunächst, *wie lange sich Ihr Kind konzentrieren kann.* Mit anderen Worten: wie lange kann es stillsitzen, zuhören und lernen? Wie gestalten Sie die Zeit entsprechend flexibel, wenn Sie zwei, drei oder mehr Kinder haben? Kleinere Kinder können ganz einfach nicht so lange zuhören und so viel aufnehmen wir ihre älteren Geschwister. Hier ein wichtiger Hinweis: achten Sie auf die folgenden ‚Anzeichen'! Wenn Kinder anfangen, mehr herumzuzappeln als zuzuhören, den kleinen Bruder schubsen oder fragen, was es morgen zu Mittag gibt, dann ist es an der Zeit, Schluß zu machen. Vergessen Sie auch nicht, die jeweilige *Stimmung* zu berücksichtigen. Wenn unsere Söhne zum Beispiel nur noch kichern, sind sie nicht mehr in der Lage, irgend etwas aufzunehmen. (Das ist nach unserer Erfahrung gleichzeitig ein ausgezeichneter Gradmesser für die Geduld von Mutti und Vati.)

Stellen Sie sich als nächstes die Frage nach den *altersspezifischen Fähigkeiten* Ihrer Kinder. Für die Planung unserer Familienandachten kann es sehr hilfreich sein, über die altersgemäßen Fähigkeiten innerhalb der verschiedenen Altersgruppen Bescheid zu wissen. Die folgenden Informationen sollen Ihnen als Richtlinie dienen.

Von 5-7 Jahren: In dieser Entwicklungsstufe ist das Zeitverständnis der Kinder noch begrenzt. Deshalb bedeutet es für einen Fünfjährigen sehr wenig, wenn man ihm verspricht, nächstes Jahr ans Meer zu fahren. Er kann mit dem Begriff „nächstes Jahr" noch nichts anfangen. In dieser Altersstufe ist das Verständnis für abstrakte Begriffe und die praktische Umsetzung von Beispielen noch sehr begrenzt. Man würde ein Kind dieser Altersgruppe nur verwirren, wenn man mit ihm über Motivationen spricht. Doch Bibelverse auswendig lernen (in erster Linie einfache, aber auch einmal solche, die es noch nicht ganz versteht), biblische Geschichten spielerisch erarbeiten und nachgestalten, ein Familienbanner basteln ... das alles sind Dinge, die Kinder in diesem Alter tun *können.* Beachten Sie bitte, daß Kinder in dieser Altersstufe sich jeweils nur auf eine Sache konzentrieren sollten (deshalb sind Wiederholungen – auf verschiedene Art und mit unterschiedlichen Mitteln – hilfreich). Sie sind egoistisch (muß man uns als Eltern *das* noch sagen?), und sie sind sehr neugierig – eine großartige Voraussetzung, um Kinder zu lehren.

Von 7-11 Jahren: Irgendwann in dieser Zeitspanne beginnt ein Kind, Begriffe zu erfassen. Nun ist auch der Zeitpunkt gekommen, mit der praktischen Umsetzung biblischer Konzeptionen zu beginnen. Welche Möglichkeiten stehen uns da offen! Wir können unserer Kreativität freien

Lauf lassen, wenn wir unseren Kindern zeigen, wie man aus dem Einzelbeispiel allgemeine Schlußfolgerungen ableitet, also den Schritt vom Besonderen zum Allgemeinen vollzieht. Ein Kokon zum Beispiel kann ein wunderbares Hilfsmittel sein, Kindern die Umsetzung bestimmter Konzepte und Vorstellungen zu erleichtern. Wir zeigen durch einen *normalen* Kokon und einen, bei dem *„nachgeholfen"* wird (hilft man der Motte, so stirbt sie), anschaulich und eindrücklich, wie und warum Gott den Reifeprozeß nicht *für* seine Kinder selbst in die Hand nimmt. Im Kampf bekommen wir Kraft. Bedenken Sie also, daß Kinder in diesem Alter einleuchtende, konkrete und gute Beispiele brauchen, wenn sie lernen sollen, allgemeine Schlußfolgerungen zu ziehen. Dafür ist eine gute Vorbereitung unabdingbar, wobei verschiedenste Anschauungsmittel sehr hilfreich sind. Wiederholen Sie die praktische Umsetzung auf unterschiedliche Art, um sicherzugehen, daß die Kinder den Grundgedanken auch wirklich begriffen haben.

Die meisten der folgenden Andachten können entsprechend der Zusammensetzung Ihrer Familie für jüngere oder ältere Kinder angepaßt werden. Bei einigen können beispielsweise auch Kinder mitmachen, die noch nicht schreiben gelernt haben. Unsere Kinder haben Bilder gemalt, die ihre Gefühle zum Ausdruck brachten (und wir haben als Eltern das gleiche getan). Selbst jetzt, da die Zeiten längst vorbei sind, in denen wir auf das Malen angewiesen sind, legen unsere Söhne noch Wert auf Illustration. Das Malen schien ihnen am meisten Spaß gemacht zu haben. (Wenn Sie ein schon etwas älteres Kleinkind haben, dann setzen Sie es doch einfach in einen hohen Stuhl und lassen Sie es auch ein „schönes" Bild malen.)

So wie wir sind auch Sie als Familie von Gott einzigartig geschaffen. Nutzen Sie diese Vorschläge also bitte als Sprungbrett für Ihre eigenen Familienandachten, und scheuen Sie sich auch nicht, diese Beispiele abzuändern, zu erweitern ... Unser Gebet ist es, daß durch diese Andachten gerade das Besondere ans Licht dringt, womit Gott Sie als Familie gesegnet hat.

Grundlegende Tips

Obwohl viele der Andachten in diesem Buch nicht in ein allgemeines Schema passen, haben die meisten doch einen gemeinsamen Aufbau. Dieser Ablauf entstand einerseits in dem Bemühen um ein pädagogisch wertvolles Konzept und zum anderen aufgrund der Tatsache, daß Kinder sich gern an wiederkehrenden Mustern orientieren. Für unsere Kinder hat sich dieses Modell als geeignet erwiesen. Ein Teil ihrer Begeisterung scheint daher zu rühren, daß sie schon wissen, was als nächstes kommt, und sich darauf freuen. Unser grundlegendes Modell sieht folgendermaßen aus:

1. *Zuerst ein kurzes Gebet.* Mit einem langen Gebet zu beginnen oder an dieser Stelle Gebetsanliegen auszutauschen, funktioniert bei uns einfach nicht. Die Kinder sind im allgemeinen noch zu aufgedreht, um sich auf längere Gebete oder die Bedürfnisse anderer konzentrieren zu können. So beginnen wir nur mit einem kurzen Gebet, in dem wir Gott bitten, uns in dieser gemeinsamen Zeit zu leiten.
2. *Bibellesen* steht an nächster Stelle, weil die Kinder jetzt am besten in der Lage sind, stillzusitzen und Einzelheiten aufzunehmen. (Das Eingangsgebet stellt eine Art Sammlung dar, die jedem deutlich macht, daß man nun still werden sollte.) An dieser Stelle besprechen wir auch wichtige Punkte, die wir ihnen begreiflich machen wollen, denn später sind sie viel zu abgelenkt, um tiefgründigere Gedanken aufnehmen zu können.
3. *Aktivitäten.* Eine allgemeine Regel besteht darin, das Spannendste stets bis zum Schluß aufzuheben. Wir haben festgestellt: sind die Jungs erst einmal in Fahrt, ist es unmöglich, zu ruhiger, konzentrierter Unterweisung zurückzukehren (außer unter Androhung von Strafmaßnahmen, was wir bei Andachten vermeiden möchten). Es wäre auch unfair, von Kindern zu erwarten, daß sie wie Erwachsene von einer Tätigkeit zur anderen wechseln können.
4. *Schlußgebet.* Obgleich unsere Jungs zuweilen noch von den vorangegangenen Aktivitäten aufgedreht waren, haben sie es gelernt, sich auf das Schlußgebet „einzustellen". Die Behandlung geistlicher Prinzipien in unseren Andachten scheint den Kindern die Wichtigkeit des Gebets deutlich zu machen. Allerdings kann es vorkommen, daß wir diese Zeit abkürzen müssen, weil die Kinder sich nicht mehr konzentrieren. Meistens spiegeln ihre Gebete jedoch wider, daß sie das, was wir gerade gemeinsam gelernt haben, verstanden und für sich persönlich umgesetzt haben. Wir nutzen diese Zeit außerdem, um Gebetsanliegen auszutauschen und füreinander zu beten, und erleben das als wirklich verbindende Erfahrung für uns als Familie.

Benötigte Materialien

Ich habe verschiedene Materialien zur Hand, die ich für unsere Andachten einsetze. Weil man sie ständig braucht, ist es ratsam, sich davon einen Vorrat anzulegen, um nicht jede Woche einkaufen zu müssen. Ich rate Ihnen deshalb, schon jetzt damit zu beginnen, folgende Materialien zu sammeln und die Vorräte immer wieder neu aufzufüllen:

- Notizpapier
- Filzstifte (aller Art und Farben)
- Buntstifte
- Bastelpapier (alle Farben)
- Garn, Schnur
- Karteikarten
- Tesafilm und Kreppband
- alte Poster
- Karton
- Kerzen
- Schachteln verschiedener Größen
- Einschlagpapier, Geschenkband
- Luftballons
- Filz
- alles mögliche – leere Rollen Einschlagpapier, anderes Verpackungsmaterial, zum Beispiel Schaumstoff, Ziegelsteine, einfach alles, was sich irgendwie kreativ einsetzen läßt.

Basteltips

Manche von Ihnen werden vielleicht bei dem Gedanken erschrecken, für ihre Andachten etwas basteln zu müssen. Ich kann Sie beruhigen: Sie brauchen bestimmt kein Künstler zu sein, um das Ziel zu erreichen. Vor allem werden Ihre Kinder Ihren Einsatz schätzen, die Zeit, die Sie investiert haben, und natürlich den Spaß, den sie damit haben werden. Gewähren Sie also Ihrer Kreativität freien Lauf und lassen Sie sich – um Ihrer selbst willen – auf keinen Fall die Freude verderben!

Für fast jede Andacht stelle ich eine Tischkarte her. Auf zwei Karteikarten im Format 8 x 12 cm schreibe ich farbig mit Filzstift die Verse, auf die sich unsere Andacht beziehen wird. Manchmal schreibe ich auf jede

Karte den gleichen Vers, ein anderes Mal verschiedene. Mit einer dritten Karte als Boden (siehe Abbildung) klebe ich sie dann zusammen. Diese Tischkarte stelle ich dann als „Dekoration" auf den Abendbrottisch. Wir haben festgestellt, daß das eine sehr erfolgreiche Art sein kann, zum Thema der Andacht hinzuführen.

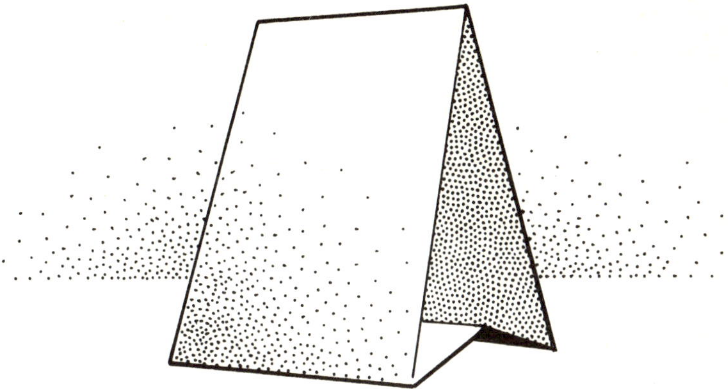

Das Beispiel Josuas: Sag es Ihnen!

Sooft ich im Alten Testament lese, bin ich neidisch auf die Fülle von Traditionen und Festen im alten Israel. Besonders das Passahfest kann als wunderbares Beispiel für Familienandachten dienen. Dabei wurde Geschichte gelehrt, indem man von der wunderbaren Befreiung Israels aus der Knechtschaft in Ägypten erzählte; wahrer Gottesdienst gehalten, indem man Gott für die großartige Errettung dankte; die gesamte Familie war an der Vorbereitung beteiligt (alle Sinne – sehen, hören, riechen, berühren und kosten – waren in Aktion, wenn sie die ungesäuerten Brote backten und das Lamm brieten). Und schließlich wurden Traditionen herausgebildet, auf die sich die Kinder von Jahr zu Jahr freuen konnten. Pädagogen haben Jahrzehnte zugebracht mit dem Versuch, dieses kreative Lehrmodell, wie es Gott vor vielen, vielen Jahren eingesetzt hat, nachzuahmen.

In Josua 4, 1-9 finden wir ein weiteres wunderschönes Beispiel, dem es nachzugehen lohnt. Hier haben die Israeliten gerade den Jordan überquert und das Gelobte Land betreten. Gewiß waren sie voller Hoffnung, und doch ängstigte sie auch der Gedanke, was sie in dem neuen Land erwartete. Aber Gott scheint sofort Prioritäten zu setzen, indem er Josua anweist, einen Altar aus zwölf Steinen, welche die zwölf Stämme Israels symbolisieren, bauen zu lassen. Damit unterstreicht er die Bedeutung des Gottesdienstes, jetzt *und* für die Zukunft. Gott sagt Israel: „Wenn eure Kinder später einmal fragen: Was bedeuten diese Steine?, so sollt ihr ihnen sagen: Weil das Wasser des Jordan weggeflossen ist vor der Lade des Bundes des Herrn, als sie durch den Jordan ging, sollen diese Steine für Israel ein ewiges Andenken sein"(V 6-7).

Gott hat auch die Zukunft im Blick – die der Kinder und Kindeskinder und noch weiter. Er hat eine schöne Tradition, ein wunderbares Andenken geschaffen, das Familien helfen sollte, ihre Kinder zu unterweisen, wenn sie in den folgenden Generationen an dem Altar vorbeikommen würden. Viele Jahre später zieht eine Familie in die Gegend, wo dieser Altar steht. Eines der Kinder (vielleicht der „Wirbelwind" der Familie, der nur zu laufen oder zu springen scheint) erreicht als erstes den Altar und bleibt – von ehrfürchtigem Staunen erfüllt – stehen. Ganz aufgeregt rennt es zu seinem Vater zurück, nimmt ihn bei der Hand und drängt ihn, nur schnell an diesen faszinierenden Ort zu kommen. Und wahrscheinlich wird er genau so gefragt haben, wie es Gott vorausgesagt hat: „Vater, warum sind diese Steine hier? Was *bedeuten* sie?"

Als der Vater den Kindern dann die herrliche Geschichte erzählte, saßen sie gewiß nicht stocksteif und von dem trockenen Stoff gelangweilt da. Ganz sicher waren alle ihre Sinne hellwach, um diese Geschichte aus der Vergangenheit ihres Volkes aufzunehmen. Ihre Augen waren auf den Fluß gebannt, und vielleicht haben ihre Zehen sogar das Wasser berührt. Der Anblick der zwölf Steine ließ sie vor ihrem inneren Auge miterleben, wie die Führer der zwölf Stämme sie aus dem Fluß geholt haben. Und als Sonne und Wind ihren Körper berührten, haben sie sich vielleicht gefragt: „Was für ein Tag mag es gewesen sein, als der Altar gebaut wurde? Ein Tag wie heute?" Die fesselnden Worte, der überwältigende Anblick der Steine, das Beteiligtsein aller haben allesamt dazu beigetragen, daß dieses Erlebnis für die Kinder zu einem unvergeßlichen Gottesdienst wurde.

Vor einigen Jahren galt es für uns als Familie, gegen die Wellen weitreichender Veränderungen zu bestehen. Da ich wußte, daß wir alle im Hinblick auf unseren Glauben in Krisenzeiten noch viel zu lernen hatten, bat ich Gott um Weisheit und entstaubte dann unsere Hochzeitskerze. Sie sollte zum Zentrum unserer Familienandachten, unseres Familienaltars, werden. Jeder nahm einen kleinen Stein, und als wir die Steine in den Händen hielten, sprachen wir darüber, daß unser Glaube eigentlich wirklicher ist als diese bloßen Steine. Die Steine zwischen unsere Finger gepreßt, lernten wir eine wichtige Lektion über zeitliche Werte im Vergleich zur Ewigkeit. Wir ordneten die Steine um die angezündete Kerze herum und bauten so einen Altar, der Gottes Gegenwart in unserer Familie symbolisierte. In jenen spannungsreichen Wochen wurde die Kerze mit den unförmigen, gewöhnlichen Steinen für alle in unserer Familie zu einer ständigen Quelle der Ermutigung. Später versammelten wir uns um diese Kerze herum, um Gott dafür zu danken, daß er unsere Gebete erhört hatte. Damals ahnte ich noch nicht, daß dieser Altar, an einer herausragenden Stelle in unserem Wohnzimmer eingerichtet, zu einem Andenken der vergangenen, gegenwärtigen und zukünftigen Treue Gottes werden würde. Bei uns wäre keine Familienandacht mehr denkbar ohne diesen Altar.

Wenn mir alles zu entgleiten droht, wenn der Alltag mit seiner Geschäftigkeit und seinen Pflichten mir die Kraft und Hingabe für unsere Familienandachten rauben will, dann gehe ich einfach zu unserer Kerze. Ich schaue sie an, und oft nehme ich wieder einen dieser Steine zwischen die Finger. Die Erinnerungen, die mich dann überkommen, erfüllen mich mit Freude und rücken meinen Blick wieder gerade. Sie richten ihn auf ein Ziel aus, das besagt, daß *nichts* auf dieser Welt wichtiger ist, als in meinem Heim eine Atmosphäre zu schaffen, in der Gott geehrt und angebetet wird. *Nichts* lohnt sich mehr, als darum zu ringen, meine Söhne in ihrem geistlichen Wachstum zu unterstützen. *Nichts* nützt unseren Söhnen mehr als die Zeit, die sie mit Vati, Mutti – und Gott verbracht haben. Jene einfache Kerze fordert uns auf, Gott als Familie zu dienen. Haben Sie auch einen Altar, der Ihre Kinder fragen läßt: „Vati, Mutti, was *heißt* das, als Christ zu leben?“ Bauen Sie einen!

2. Biblische Geschichten und Grundanliegen

Sprüche: Zusätzliches Gepäck

Material

- Ziegelsteine (für jedes Familienmitglied einen)
- stabile Beutel (einen pro Person, zum Tragen der Ziegelsteine)
- breiter Textmarker oder Buntstift (schwarz oder rot)
- Karteikarten, 8 x 12 cm
- Klebeband
- Kugelschreiber oder Bleistifte
- das Lieblingsdessert der Familie
- Bibeln

Text: Sprüche 12,25; 18,5-9; 1.Petrus 5,5-9

Vorbereitung

Schreiben Sie fettgedruckt auf jeden Ziegelstein des Wort SORGE.

Stecken Sie jeweils einen Ziegelstein in einen Beutel. (Vielleicht ist es ratsam, die Ziegelsteine erst in Zeitungspapier zu verpacken, damit der Inhalt der Beutel noch geheim bleibt.)

Geben Sie *am Morgen des Tages, an dem Sie diese Andacht durchführen wollen,* jedem Familienmitglied seinen Beutel.

(Das sollte man möglichst *nicht* an einem Schultag oder irgendeinem anderen Tag tun, der die Kinder in Verlegenheit bringt, denn jeder muß, wo immer er auch hingeht, diesen Beutel mitnehmen, bis abends die Familienandacht stattfindet. Wir haben das zum Beispiel während der Osterferien gemacht.)

Basteln Sie eine Tischkarte und schreiben Sie Sprüche 18, 5-9 darauf.

Studieren Sie Sprüche 12, 25 und 1. Petrus 5, 5-9

Bereiten Sie gegebenenfalls ein spezielles Dessert vor.

Am Morgen dieses Tages:

Geben Sie jedem Familienmitglied einen Beutel und sagen Sie ihnen, daß jeder seinen Beutel *den ganzen Tag über, wo er auch hingeht, bei sich haben muß, und daß die Beutel erst am Abend geöffnet werden dürfen.*

Durchführung

1. Sprechen Sie während des Abendessens über die Verse, die Sie auf die Tischkarte geschrieben haben. Vielleicht müssen Sie zunächst erläutern, daß die Sprüche eine Sammlung von Weisheitslehren sind. Sie könnten zum Beispiel folgende Fragen stellen:
   - Warum ist es notwendig, unsere Worte zu kontrollieren? (Unsere Worte können Streit hervorrufen, sie können unsere Seele verletzen und unsere Torheit zur Schau stellen.)
   - Hast du schon einmal etwas gesagt, das du sofort bereut und wo du dir gewünscht hast, du könntest diese Worte wieder zurücknehmen? Was hast du getan?
   - Wann hat dir zum letzten Mal jemand etwas gesagt, das dich geärgert hat? Wie hast du darauf reagiert? Was sagen die Sprüche über die Auswirkung von üblem Geschwätz? Wie tief können unsere Worte andere Menschen treffen? Wecken Sie das Interesse Ihrer Familie, indem Sie ihnen sagen, daß Sie einen dieser Verse *demonstrieren* werden.
2. Überraschen Sie Ihre Familie mit einem Ihrer Lieblingsdesserts. Verbinden Sie damit folgende Aussage: genauso wie wir ein Dessert in uns aufnehmen, nehmen wir auch böse Worte in uns auf und verdauen sie. Sie dringen tatsächlich tief ein, *sowohl* in die Herzen derer, die sie hören, *als auch* derer, die sie aussprechen.
3. Beginnen Sie dann Ihre Familienandacht mit Gebet.
4. Erläutern Sie, daß Sie noch einen anderen Vers aus den Sprüchen behandeln möchten. Fragen Sie beispeilsweise:
   - Ist es euch leid, diese Beutel mit euch herumzuschleppen? War es

belastend? Haben sie euch in eurem Tempo behindert? Möchtet ihr sie loswerden? Was wäre, wenn ihr sie immer mit euch herumschleppen müßtet?

5. Jeder öffnet seinen Beutel. Fragen Sie, was auf dem Ziegelstein steht und wie sich Ihre Familie nun fühlt, da sie weiß, daß sie den ganzen Tag „Sorge" mit sich herumgeschleppt hat (frustriert, verlegen, überrascht?).
6. Bitten Sie alle, Sprüche 12,25 aufzuschlagen; einer soll den Vers laut vorlesen. Sprechen Sie darüber, daß Angst und Sorge uns genauso niederdrückt, wie ständig zusätzliches Gepäck mit uns herumzuschleppen – uns einen ganzen Tag mit einem Ziegelstein abzurackern. Vielleicht fragen Sie jetzt: Wiegen Sorgen nicht genauso schwer wie ein Ziegelstein? Behindern sie uns nicht ebenso und machen uns müde und matt?
7. Lassen Sie nun von allen 1. Petrus 5, 5-9 aufschlagen und jemanden laut vorlesen. Betonen Sie, daß Gott sich um jeden persönlich kümmert, und daß wir ihm unsere Sorgen buchstäblich *geben* können. Genauso wie wir die Ziegelsteine los sein möchten, sollen wir unsere Sorgen an ihn abgeben!
8. Teilen Sie für jeden eine Karteikarte und einen Bleistift oder Kugelschreiber aus. Bitten Sie Ihre Familie, einfach alles aufzuschreiben, was ihnen irgendwie Angst oder Sorge bereitet. Betonen Sie, daß Sie nun versuchen wollen, diese Sorgen Gott *abzugeben,* daß Sie es leid sind, sie weiter mit sich herumzuschleppen! Falten Sie die Karteikarten dann zusammen, um sie aufzuheben. Teilen Sie Ihrer Familie mit, daß sie die Karten in sechs Monaten während einer Familienandacht noch einmal zur Hand nehmen wollen.
9. Nennen Sie jeweils eine größere Sorge laut und beten Sie füreinander.

Vorschläge

Wie das oft der Fall ist, entstand auch diese Andacht, weil sie notwendig wurde. Craig und ich haben schon oft scherzhaft festgestellt, daß ich „der Sorgengeist" von uns beiden bin. Obwohl ich zuweilen die Torheit meines Sorgens deutlich erkenne, lasse ich mich allzuoft von Sorgen niederdrücken. Dann kehre ich zu 1. Petrus 5 zurück – und lasse mir durch Gottes Wort wieder den rechten Blick schenken.

Es war lustig anzusehen, wie wir alle unsere Beutel mit uns herumschleppten. Vati nahm ihn pflichtgemäß mit in die Kirche zu seinem

Dienst! Ich muß allerdings zugeben, daß ich an dem betreffenden Tag geflissentlich nicht einkaufen gegangen bin.

An jenem Abend waren wir alle darauf erpicht, diese Ziegelsteine loszuwerden. Genau diese Reaktion wollte ich bei meinen Söhnen in bezug auf ihre Ängste und Sorgen erreichen. Craig und ich unterstrichen noch einmal (auch für uns selbst), daß wir Gott ernsthaft im Gebet suchen sollen, daß wir ganz fest wissen dürfen, daß er da ist und bereit, uns das abzunehmen, was wir weder tragen können noch sollen. Und genauso erleichtert, wie wir waren, als wir die Last unserer Ziegelsteine abgelegt hatten, dürfen wir sein, wenn wir den Frieden erfahren, der uns umfängt, wenn wir beschließen, unsere Sorgen und Ängste zu Jesu Füßen abzulegen. Das wird uns dazu befähigen, die Umstände, die uns begegnen, anzunehmen.

Als wir nach sechs Monaten unsere Listen wieder hervorholten, waren wir ehrlich überrascht, wie das, was *einst eine große Sorge* zu sein schien, nur noch Erinnerung war. Welch heilsame Lektion auch für die Gegenwart und die Zukunft! Sorgen von *dieser* Seite zu betrachten, wird uns hoffentlich das, was uns im Augenblick bedrückt, viel kleiner erscheinen lassen!

Über Klagen und Dankbarkeit zu einem Entschluß

Material

– Karteikarten
– Klebeband
– Bleistifte oder Kugelschreiber
– Notizpapier
– Bibeln

Text: Habakuk 3, 17-18

Vorbereitung

Studieren Sie den geschichtlichen Hintergrund des Propheten Habakuk, besonders in bezug auf das dritte Kapitel (z. B. mit Hilfe der Wuppertaler Studienbibel, *Die Propheten Nahum, Habakuk und Zephanja* – erklärt von Martin Holland).

Basteln Sie eine Tischkarte und schreiben Sie Habakuk 3, 17-18 darauf.

Durchführung

1. Während des Abendessens können sie das Gespräch durch folgende Fragen in Gang bringen:
   – Wer war Habakuk? (ein Prophet Gottes)
   – Was bedeutet es, ein Prophet Gottes zu sein? (Die Prophetien – oder Bilder von der Zukunft – werden *stets* eintreffen, weil sie von Gott kommen.)
   – Welche Fragen stellt Habakuk Gott auf verschiedenste Art und Weise? (Warum läßt du es zu, daß weiterhin so schlimme – ungerechte – Dinge passieren? Warum geschieht guten Menschen etwas Schlimmes?) Kämpfen wir heute mit den gleichen Fragen wie damals Habakuk? (Ja!)
   – Fällt euch ein Beispiel aus der Schule ein, wo ihr euch gefragt habt: warum läßt Gott das zu? (Ein Mitschüler, der sich ständig danebenbenimmt und trotzdem von allen vergöttert wird, weil er so sportlich ist.)
   – Welche aktuellen Beispiele fallen uns ein? (...) Betonen Sie, daß trotz der unterschiedlichen Beispiele die Fragestellung im Grunde die *gleiche* ist.

2. Beginnen Sie später Ihre Andacht mit einem Gebet.
3. Erläutern Sie, daß das Buch Habakuk voll von Klagen ist. Gott hört offenbar geduldig zu und erklärt nicht sich selbst (oder sein Tun), sondern bekräftigt seine Souveränität und sagt Habakuk – erstaunlicherweise –, daß sich die Situation erst noch verschlimmern wird, bevor eine Besserung eintritt. Gott räumt jedoch Habakuk diese Zeit der Klage ein – wie ein Gewitter, das die Luft reinigt. Manchmal sind solche Zeiten auch für Familien notwendig, um eine gute Kommunikation untereinander und mit Gott aufrechtzuerhalten.
4. Bitten Sie jeden, einen Stuhl mitzubringen, und bilden Sie mit diesen Stühlen einen Kreis. Erläutern Sie, daß es in letzter Zeit vielleicht Situationen in Ihrer Familie gegeben hat, wo man sich wünschte, das eine oder andere Familienmitglied hätte dieses oder jenes anders gesagt. Derjenige, der nun auf dem Stuhl des betreffenden Familienmitglieds Platz genommen hat, sagt: „Ich wünschte, daß die Person, auf deren Stuhl ich sitze, zu mir (bzw. zu ...) gesagt hätte: ________________ ." Anschließend setzt er sich wieder auf seinen Stuhl zurück. Man kann das solange tun, bis die Luft in der Familie wieder „rein" ist. (Zur Beachtung: Diese Runde ist nicht als „Kampfplatz" gedacht, sondern als Gesprächsforum, in dem zurückliegende Beleidigungen zur Sprache gebracht und hoffentlich geheilt werden können.)
5. Wenn alle fertig sind, weisen Sie darauf hin, daß Habakuk Gott auch gelobt hat. Das zeigt uns, daß wir neben unseren Beschwerden auch zu *Dank und Anerkennung* bereit sein müssen. Deshalb sagen wir jetzt: „Ich wünschte, ich hätte zu ... gesagt: ____________ ". Jetzt wollen wir es lernen, einander zu loben, unsere Liebe zueinander mit Worten zum Ausdruck zu bringen, uns gegenseitig Dank und Anerkennung zu zollen. (Diesmal braucht man nicht die Plätze zu wechseln, aber es ist sicher gut, denjenigen anzuschauen, dem wir Lob und Dank entgegenbringen möchten.)
6. Wir nehmen wieder am Tisch Platz. Jemand wird gebeten, Habakuk 3, 17-18 zu lesen. Machen Sie jetzt deutlich, daß Habakuk nunmehr einen Beschluß faßt, wenn er ausruft: *„Aber ich will mich freuen des Herrn und fröhlich sein in Gott, meinem Heil."* Und diese Entscheidung trifft er inmitten all der Probleme, die er aufgezählt hat – der Feigenbaum wird nicht grünen, der Weinstock keine Reben tragen, der Ertrag der Ölbäume wird ausbleiben, der Acker keine Nahrung bringen, in den Hürden werden keine Schafe und in den Ställen keine Rinder sein! Habakuk hat gelernt, was Glaube eigentlich bedeutet: er hat

beschlossen, Gott zu vertrauen, unabhängig von den äußeren Umständen.

7. Teilen Sie jedem eine Karteikarte und einen Stift aus. Bitten Sie Ihre Familie, als Überschrift zu schreiben: „Mein persönlicher Vertrauensentschluß“. Jedes Familienmitglied soll – genau wie Habakuk – drei Klagen oder Beschwerden aufschreiben und diese mit *„obwohl“* einleiten in dem Bemühen, wie Habakuk Gott trotz allem zu vertrauen. Ein Kind könnte zum Beispiel schreiben: „Obwohl ich eine Menge Hausaufgaben zu erledigen habe, unsere Fußballmannschaft in dieser Woche verloren hat und ich mein Taschengeld verloren habe, will ich mich des Herrn freuen und fröhlich sein in Gott, meinem Heil.“ Betonen Sie noch einmal, daß wir uns dafür *entscheiden* müssen, Gott auch inmitten widriger Umstände zu vertrauen.
8. Tauschen Sie aus, was Sie im einzelnen beschlossen haben. Vielleicht beten Sie gegenseitig für Ihre Nöte und um Kraft, trotzdem auf Gott zu vertrauen.

Vorschläge

Craig und ich bemühen uns ständig, unsere Söhne zu ermutigen, offen mit uns zu reden, also uns beispielsweise auch ganz ehrlich zu sagen, womit wir sie erfreut oder verletzt haben, was wir getan oder gesagt (oder *nicht* getan oder gesagt) haben, was sie von uns entfernt, entfremdet hat. Wir haben festgestellt, daß das ohne eine spezielle Gesprächsrunde nicht funktioniert und sich statt dessen Gefühle innerlich aufstauen, die selbst aus kleineren Ärgernissen Mauern des Schweigens aufbauen können.

Dieses „Stühle tauschen“ half uns allen, wertvolle Einsichten über die Gefühle und Bedürfnisse der anderen Familienmitglieder zu gewinnen. Einiges hatte ich erwartet, anderes kam völlig überraschend für mich, und das machte diese Gesprächsrunden besonders wertvoll. Die Andacht hatte Türen für Gespräche geöffnet, die sonst vielleicht niemals stattgefunden hätten.

Früher war ich der Meinung, Glaube sei etwas kaum Erreichbares, denn ich dachte, daß wahrer Glaube auch ein *Gefühl* des Glaubens in mir hervorrufen müßte. Demzufolge war ich oft enttäuscht, wenn die Umstände enttäuschend waren, und ich fühlte mich einfach elend. Später lernte ich, daß Glaube eine *Entscheidung* ist, die es immer wieder neu zu treffen gilt. Ich *beschließe*, Gott heute zu vertrauen, unabhängig von den äußeren Umständen (und den daraus entstehenden Gefühlen), die dieser Tag mit sich bringen wird. Wenn unsere Söhne nur diesen einen Gedanken begriffen haben, dann hat sich unsere Reise zu dem Propheten Habakuk in der Tat gelohnt.

Lektionen aus 4. Mose: „Lustgräber"

Material

- Zeichenkarton, größeres Format (um ein Spiel zu basteln)
- Münzen o.ä. (als Spielfiguren)
- Filzstifte (schwarz und verschiedene andere Farben)
- weißes Bastelpapier
- Scheren
- liniertes Papier
- Karteikarten
- Tesafilm
- Bleistifte
- Bibeln

Text: 4. Mose 11

Vorbereitung

Bereiten Sie den Zeichenkarton vor, indem Sie das Spiel mit „Lustgräber – Definitionsspiel" überschreiben. Zeichnen Sie mit Filzstiften in der rechten unteren Ecke ein Feuer (Bild S. 39), von dem aus zwölf Stufen spiralförmig nach oben führen. Schreiben Sie auf jede Stufe „Ich will!" und zeichnen Sie schließlich am Ende der letzten Stufe, in der linken oberen Ecke, einen Grabstein mit der Aufschrift: „Hier ruht in Frieden". (Siehe Abbildung S. 39)

Die Grabsteine können nach Belieben farbig gestaltet werden.

Schneiden Sie aus weißem Papier für jedes Familienmitglied einen Grabstein aus (ca. 8 x 12 cm). (Ich schneide immer einen zusätzlich als Reserve.) Schreiben Sie mit schwarzem Filzstift „Hier ruht in Frieden" auf die Grabsteine.

Schneiden Sie aus weißem Bastelpapier wenigstens 50 Zettel im Format von ca. 8 x 12 cm. (Oder Sie verwenden einen Notizblock entsprechenden Formats.) Schreiben Sie auf zwölf dieser Zettel jeweils einen der unten aufgeführten Begriffe einschließlich ihrer Definition.

- HOMER – hebräische Maßeinheit (Hohlmaß)
- SEDUZIEREN – verführen
- HARZ – Substanz pflanzlichen Ursprungs, hell und durchscheinend

– ENTRIEREN – in etwas eintreten, etwas beginnen
– KIBROTH – hebräisch für Grab
– RAPIER – stumpfe Fechtwaffe, Raufdegen
– TABERAH – hebräisch für: auf Feuer verbrennen
– KORIANDER – Doldengewächs aus dem Mittelmeerraum, dessen Früchte als Gewürz dienen
– LABORIÖS – arbeitsam, fleißig
– KASEMATTE – beschußsicherer Raum in Festungen
– KASSATION – Aufhebung einer gerichtlichen Entscheidung durch ein Gericht höherer Instanz
– HATTAAVAH – hebräisch für: starkes Verlangen oder Sehnen

Schauen Sie sich die folgenden Regeln an, die Sie später vorlesen werden:

a. Das ist ein Definitionsspiel, bei dem ihr die Worte, die ich euch nennen werde, definieren sollt. Eure Definitionen sollten entweder die wirkliche Bedeutung des Wortes so treffend wie möglich beschreiben ODER *scheinbare* Bedeutungen erläutern. Wenn ihr die richtige Bedeutung erratet, und/oder Punkte gewinnt, indem andere *eure* Definition wählen, werdet ihr auf den Stufen vorankommen.
b. Das Spiel läuft folgendermaßen ab: Ich werde euch ein Wort vorlesen und es auch buchstabieren. Ihr schreibt dieses Wort auf einen Zettel und definiert es. *Dabei besteht euer Ziel darin, eine Definition niederzuschreiben, von der die anderen Familienmitglieder glauben, es sei die richtige.* Nachdem wir alle Definitionen eingesammelt haben, werde ich sie alle, EINSCHLIESSLICH DER RICHTIGEN, laut vorlesen. (Mein Ziel ist es, euch irrezuführen, so daß niemand die richtige Definition errät.) Dann frage ich: „Welche Definition ist richtig?“ Jeder entscheidet sich für EINE Definition und versucht natürlich, auf die richtige zu tippen.
c. Das Feuer ist der Ausgangspunkt für die Spielfiguren (Münzen o. ä.), die nach folgenden Regeln weitergerückt werden dürfen:
   – jemand hat die richtige Definition gewählt: 2 Stufen
   – jemand hat deine Definition gewählt: 1 Stufe
   – niemand hat die richtige Definition gewählt: dann darf *ich* zwei Stufen weiterrücken
d. Wer zuerst den Grabstein „Hier ruht in Frieden“ erreicht hat, gewinnt.

   Basteln Sie eine Tischkarte und schreiben Sie 4. Mose 11, 4-6 darauf. Lesen Sie das 4. Buch Mose, studieren Sie den geschichtlichen Hintergrund und den Inhalt.

Hier ruht in Frieden
Ich will!
Ich will!
Ich will!
Ich will!
Ich will!
Ich will!
Ich will!
Ich will!
Ich will!
Ich will!
Ich will!
Ich will!

Durchführung

1. Sprechen Sie während des Abendessens über den Hintergrund des vierten Mosebuches, erinnern Sie daran, wie die Israeliten Sklaven in Ägypten waren, wie Gott sie durch Mose auf wunderbare Weise aus dieser Knechtschaft geführt hat, und wie sie jetzt unterwegs sind in das Gelobte Land. Erwähnen Sie unbedingt, daß *Manna* die Speise war, mit der Gott sein Volk versorgte.
2. Beginnen Sie die Familienandacht mit einem Gebet.
3. Nun spielen Sie das vorbereitete Definitionsspiel.
4. Geben Sie jedem Familienmitglied 12 Zettel und einen Stift.
5. Lesen Sie die Spielregeln vor. Geben Sie Zeit zu Rückfragen, damit auch jeder die Spielregeln verstanden hat. Vielleicht demonstrieren Sie das Spiel zunächst anhand des ersten Wortes.
6. Machen Sie mit den anderen Begriffen weiter, und erklären Sie den Kindern Definitionen, die sie nicht verstehen. Hat jemand gewonnen, können Sie Ihrer Familie sagen, daß eigentlich *alle* Gewinner sind, denn sie haben – hoffentlich – ein paar neue Wörter gelernt.
7. Bitten Sie Ihre Familie, in ihren Bibeln 4.Mose 11 aufzuschlagen. An dieser Stelle werden Sie noch einmal auf die Symbolik des Definitionsspiels eingehen und den Kindern erläutern, was dieses „Verlangen", dieses „Ich will" für uns heute bedeuten kann. Ein sehr anschauliches Beispiel sind Werbesendungen, die in den Kindern ständig Wünsche nach Spielsachen und anderen Dingen wecken. Vielleicht kann der andere Elternteil an dieser Stelle die wichtigsten Ereignisse aus 4. Mose 11 zusammenfassen:
   - Das Volk beklagt sich, Gott sendet in seinem Zorn Feuer, das an dem Rand des Lagers frißt. Was symbolisierte das Feuer auf dem Definitionsspiel? Wißt ihr noch, was Taberah bedeutet?
   - Sie murren gegen das Manna. (Die Israeliten trauern ihrem alten Lebensstil nach, indem sie sich an die Vielfalt ihrer Nahrung in Ägypten erinnern. Waren sie frei? Nein! Sie *selbst* waren das Eigentum der Ägypter!)
   - Mose tritt bittend vor Gott. (Was will Gott seinem Volk geben? – Fleisch – Wie lange? Solange, bis es ihnen davon schlecht wird! Könnt ihr euch an eine Gelegenheit erinnern, wo ihr zuviel von etwas Gutem zu euch genommen habt? Hattet ihr vielleicht schon einmal Bauchschmerzen nach zu vielen Süßigkeiten oder einer wilden, wirbelnden Fahrt in einem Freizeitpark?)
   - Die Wachteln und die Plage. (Wir haben gelernt, was Kibroth und

Hattaavah bedeutet. Was bedeuten beide Wörter zusammen? – „Lustgräber“ – Warum ist dieser Name so passend für diesen Ort? Weil ihr Verlangen, ihre Lust – und damit ihre Auflehnung gegen Gott – ihnen den Tod brachte.)

8. Erinnern Sie Ihre Familie daran, daß auch wir Dinge begehren können, die uns dann in verzehrendem Verlangen „begraben“. Wir können uns so schnell über die Dinge beklagen, die wir nicht haben (und vielleicht nicht haben *können)*, daß wir darüber völlig vergessen, für das, *was wir haben*, dankbar zu sein.
9. Teilen Sie das Papier aus, das Sie wie Grabsteine zurechtgeschnitten haben. Bitten Sie jeden, ein Verlangen darauf zu schreiben, daß sie oder ihn zu verzehren droht. Sagen Sie ihnen, daß Sie heute abend versuchen wollen, dieses *Verlangen* zu begraben, bevor es *uns* begräbt.
10. Tauschen Sie sich über das Aufgeschriebene aus, und beten Sie füreinander. Bitten Sie Gott, daß er Ihnen hilft, sich auf das Gute zu konzentrieren, was er Ihnen geschenkt hat.

Vorschläge

Ich habe dieses Definitionsspiel von einem anderen Spiel übernommen, das wir als Familie oft spielen. Die Spielanleitung besagt, daß die Spieler wengistens zehn Jahre alt sein sollten. Beachten Sie das bitte für Ihre Auswahl der Andachten.

In dem Jahr, wo wir diese Andacht durchführten, ging es uns finanziell nicht gerade rosig. Eine dringend notwendig gewordene Operation, Vatis Assistentenzeit und die sich daraus ergebenden finanziellen Belastungen ließen uns nur zusehen, wie alle anderen in den Urlaub fuhren. Ja, wir sehnten uns nach allem, was wir nicht haben konnten. Im Nu hatten wir unsere Wünsche auf die Grabsteine geschrieben, und gleichzeitig brachen unsere Enttäuschungen, unsere Nöte aus uns heraus. Als wir uns auf das konzentrierten, *was wir hatten,* und füreinander beteten, wurde uns eine neue Sicht geschenkt: eine Sicht aus Gottes Augen.

Lektionen aus 4. Mose: Familienbanner

Material

- ein großes Stück weißer Filz (aus dem Textilgeschäft oder Bastlerbedarf)
- kleinere Quadrate aus Filz in verschiedenen Farben
- Filzstifte in allen Farben
- Buchstabenschablonen
- Holzstab
- Scheren
- Klebstoff
- Bücher o. ä. mit Tierbildern zum Abpausen
- Pauspapier
- Bibeln

Text: 4. Mose 2; 3, 5-13; 2. Mose 28, 15-21; Hesekiel 1,10; Offenbarung 4,7

Vorbereitung

Studieren Sie 4. Mose 2 – die Ordnung der Stämme Israels im Lager und unterwegs. Kennzeichnen Sie in Ihrer Bibel die Namen der Stämme und den Ort, wo sie sich lagern sollten. Wiederholen Sie auch, wer die Leviten waren, und warum sie ein einmaliges Amt ausführten.

Bereiten Sie alles Material vor, das Sie für die Herstellung eines Familienbanners brauchen: weißen Filz, den Sie schon in dem Format einer Fahne zurechtschneiden können, Filzstücke in mehreren Farben, Klebstoff, Scheren, Holzstab, Tierbilder, Pauspapier, Bleistifte, Buchstabenschablonen.

Durchführung

1. Die Familie sitzt am Tisch und beginnt die Andacht mit einem Gebet.
2. Lesen Sie 4. Mose 2, 1-2 und die Stellen, die Namen und Platz der Stämme Israels beschreiben; zum Schluß lesen Sie V. 34 vollständig.
3. Vielleicht möchten Sie anhand dieses Kapitels eine Skizze über die Ordnung der Stämme anfertigen. (Ungers Grosses Bibelhandbuch

enthält zum Beispiel auf S. 97 eine schematische Darstellung der Anordnung der Stämme im Lager.) Gehen Sie auch auf die Stellung der Stiftshütte im Lager und der Bundeslade unterwegs ein (und darauf, wer sie getragen hat).

4. Folgende Fragen können hilfreich sein:
   - Aus welchem Stamm ging Christus hervor? (Juda)
   - Könnt ihr die Söhne – und eine Tochter – Jakobs nach ihrem Alter und mit dem Namen ihrer Mutter aufzählen? (Lea: Ruben, Simeon, Levi, Juda; Bilha: Dan, Naphtali; Silpa: Gad, Asser; Lea: Issachar, Sebulon, *Dina*; Rahel: Josef, Benjamin)
   - Warum fehlt Josef in der Anordnung der Stämme im Lager und unterwegs? (Er war Herrscher über Ägypten und seine Söhne folgten ihm in dieser Stellung.)
   - Wer waren die Söhne Josefs? (Ephraim und Manasse)
   - Warum lagert sich der Stamm Levi nicht mit um die Stiftshütte herum? Warum wurden die Leviten ausgesondert?

   (Lesen Sie 4. Mose 3, 5-13, und stellen Sie heraus, wie Gott die Leviten ausgesondert hat, Dienst vor der Stiftshütte zu tun, anstelle aller Erstgeburt. „Denn die Erstgeburten sind mein. An dem Tage, da ich alle Erstgeburt schlug in Ägyptenland, da heiligte ich mir alle Erstgeburt in Israel ...“)
5. Lesen Sie noch einmal 4. Mose 2, 1-2 und weisen Sie darauf hin, daß jeder Stamm ein Banner und jede Triade (Gruppe aus drei Stämmen) eine Standarte hatte. Die jüdische Überlieferung berichtet, daß das Zeichen Judas ein Löwe, Rubens ein Mensch, Ephraims ein Stier und Dans ein Adler war. Lassen Sie dazu jeweils von einem Familienmitglied folgende Stellen lesen: 2. Mose 28, 15-21; Hesekiel 1, 10 und Offenbarung 4, 7. Lassen Sie durch diese lebendige Darstellung auch Ihre eigene Phantasie anregen.
6. Sagen Sie Ihrer Familie, daß Sie, genauso wie die Israeliten ihre Familienbanner hatten, nun auch ein Banner für Ihre Familie herstellen wollen! Nachdem das Material auf dem Tisch bereitgelegt wurde, muß sich die Familie einigen, welches Tier oder welche Gestalt das Banner beherrschen soll. Fragen Sie am besten, durch welche Eigenschaften sich Ihre Familie auszeichnet (z. B. durch Mut, Scharfsinn, Wißbegier, Aufrichtigkeit ...) Welches Tier würde unsere Eigenschaften am besten symbolisieren? (ein Bär, ein Fuchs, ein Löwe, ein Adler?) Blättern Sie die Tierbilder durch, um Ihre Wahl zu erleichtern.
7. Nachdem Sie sich für ein Tier oder ein Symbol entschieden haben, beauftragen Sie jemanden, dieses abzupausen und auszuschneiden.

Andere können mit Hilfe der Buchstabenschablonen Ihren Familiennamen auf die Fahne schreiben und die Gestaltung des Hintergrunds vorbereiten (wir haben zum Beispiel kleine und größere Kreise in verschiedenen Farben hinter unseren Adler geklebt). Dann wird die ausgeschnittene Figur auf Filz übertragen und ausgeschnitten. Lassen Sie der Kreativität Ihrer Kinder soviel Raum wie möglich. Sie möchten vielleicht noch andere Figuren, Bibelverse oder Symbole hinzufügen. Kleben Sie alle Teile auf, schlagen Sie zum Schluß das breite Ende der Fahne um den Holzstab, und kleben Sie ihn fest. (Vielleicht ist es ratsam, kleinere Kinder zu warnen, daß sie die Fahne erst schwenken können, nachdem der Leim ein wenig Zeit zum Trocknen hatte.)

8. Schließen Sie mit Gebet ab. Danken Sie Gott, daß er das Volk Israel erhalten und daraus Jesus Christus hervorgebracht hat; danken Sie Gott auch für Ihre Familie und das Besondere, was er in Sie hineinlegt (was nun auch auf Ihrem Familienbanner zum Ausdruck kommt).

Vorschläge

Diese Andacht eignet sich gut für Familien mit kleineren Kindern. Halten Sie die Unterweisung möglichst kurz und die Herstellung einfach, so daß sie den Möglichkeiten und Fähigkeiten Ihrer Kinder entsprechen. Ältere Kinder werden gleichermaßen Spaß daran haben, sich schon mehr auf spezielle Details bei den einzelnen Stämmen konzentrieren und ein anspruchsvolleres Banner entwerfen.

Die Herstellung eines Familienbanners bringt gleichzeitig noch eine Wirkung mit sich: eine Art Familienstolz und die Verstärkung unseres Zusammengehörigkeitsgefühls. Unser Familienbanner liegt jetzt auf der Fensterbank in unserem Wohnzimmer und erinnert uns daran, daß wir als Familie eine von Gott geschaffene und beabsichtigte Einheit sind.

„Papierrollenschlacht“

Material

– leere Einschlagpapierrollen – für jedes Familienmitglied eine (nach Weihnachten fallen bei uns immer genug davon an)
– Karteikarten
– Tesafilm
– Notizblock
– Bleistifte (für jeden einen)
– Filzstifte, schwarz und rot
– Bibeln

Text: Josua 1,9; 6,1-8,29 und 10, 5-26

Vorbereitung

Legen Sie die Rollen, Filzstifte und Karteikarten bereit.
Schreiben Sie die fünf Schlachten Josuas, die Sie mit Ihrer Familie näher betrachten wollen, auf ein Blatt:
– Jericho – Josua 6
– Ai (erste Schlacht) – Josua 7
– Ai (zweite Schlacht) – Josua 8, 1-29
– Gibeoniter – Josua 9, 1-18
– die Könige von Jerusalem, Hebron, Jarmut, Lachisch und Eglon – Josua 10, 5-26

Schreiben Sie folgende Fragen auf:
– Haben die Israeliten Gott gehorcht? Wenn ja, wie? Wenn nein, warum nicht?
– Haben die Israeliten die Schlacht gewonnen? Wenn nein, warum nicht? Wenn ja, dann beschreibt die Schlacht.
– Was geschah danach?

Überlegen Sie, wer welche Schlacht untersuchen soll. (Craig und ich haben die verlorenen Schlachten übernommen – die erste Schlacht bei Ai und, weil die Israeliten wirklich hereingelegt worden sind, die Gibeoniter. Anschließend haben wir uns gemeinsam die Schlacht gegen die fünf Könige der Amoriter angeschaut.) Vielleicht können auch ältere und jüngere Geschwister die Fragen gemeinsam beantworten.

Studieren Sie die betreffenden Abschnitte selbst gründlich, um die Fragen beantworten zu können, und eignen Sie sich das entsprechende Hintergrundwissen an.

Wenn Sie möchten, basteln Sie eine Tischkarte und schreiben Sie Josua 1,9 darauf.

Durchführung

1. Während des Abendessens können Sie schon über Josua 1, 9 sprechen und Ihren Kindern erläutern, daß dieses Gebot an Josua erging, einen der treuesten und mutigsten Führer des Volkes Israel. Wenn Gott Josua jedoch gebieten muß, getrost und unverzagt zu sein (wie es auch schon in den Versen 6 und 7 steht), muß er sich nicht so *gefühlt* haben. Josua hat stattdessen *beschlossen, Gott zu gehorchen,* und das machte ihn mutig und stark, getrost und unverzagt. Welch ein Vorbild für uns!
2. Bitten Sie Ihre Familie nach dem Essen, ihre Bibeln zu holen und wieder am Tisch Platz zu nehmen. Teilen Sie Stifte und Karteikarten aus.
3. Erläutern Sie, daß Sie fünf Schlachten der Israeliten anhand bestimmter Fragen näher untersuchen wollen. Sie lesen die vorbereiteten Fragen vor und Ihre Familie schreibt sie auf ihre Karteikarten.
4. Teilen Sie die Schlachten zu, wobei jeder auch die betreffende Bibelstelle auf seiner Karteikarte notiert. Lassen Sie genügend Zeit, um die Abschnitte zu studieren und die Fragen zu beantworten.
5. Nachdem alle fertig sind, beginnt die gemeinsame Auswertung, angefangen bei Jericho. Folgende Frage ist dabei hilfreich: Es scheint, als versuche Gott immer wieder, seinem Volk etwas zu lehren. Was ist das? (Sie müssen ihm gehorchen, denn er will das Volk Israel bewahren, und *er ist allmächtig*; Gott ist letztlich der einzige, der jede Schlacht gewinnen kann, die sie zu schlagen haben.)
6. Geben Sie bekannt, daß jetzt noch eine „Papierrollenschlacht" stattfinden wird, und teilen Sie die „Waffen" aus. Beim Austeilen können Sie auf die Rollen entweder mit rot ein lachendes Gesicht für eine gewonnene Schlacht (Jericho, zweite Schlacht von Ai, gegen die fünf Könige) malen, oder ein schwarzes X für eine verlorene Schlacht (erste Schlacht von Ai, gegen die Gibeoniter). Es gelten folgende Regeln: niemand schlägt dorthin, wo er den anderen verletzen kann (ins Gesicht zum Beispiel); wir „schlagen" uns solange, bis die Rollen kaputt sind.
7. Beginnen Sie die Schlacht dort, wo genügend Platz ist – möglichst draußen oder in einem Zimmer mit ausreichend Freiraum.

8. Kommen Sie nach der „Schlacht“ noch einmal zusammen, um gemeinsam zu beten. Danken Sie Gott, daß er sein Volk bewahrt hat, für das Vorbild an Gehorsam, Vertrauen und Mut, das wir an Josua haben, und schließlich für die Freude, die Sie als Familie erlebt haben.

Vorschläge

Als ich noch Kind war, gehörte es in meiner Familie zur Tradition, in den Weihnachtsfeiertagen eine Schlacht mit leeren Geschenkpapierrollen durchzuführen. So war es für mich ganz normal, die Rollen später auch aufzuheben. Zunächst amüsierten Craig und ich uns damit, und später, als unsere Söhne heranwuchsen, gab es nur noch mehr Spaß. Falls Sie sich noch nie an einer solchen harmlosen Schlacht beteiligt haben, steht ihnen noch eine freudige Überraschung bevor!

Wir beschäftigen uns oft mit Israels Sieg über Jericho, vernachlässigen dafür aber andere, kleinere Schlachten. Das Buch Josua beschreibt, wie das Volk Israel in das Verheißene Land vordringt – seinen Gehorsam und Ungehorsam, seine Fortschritte und Rückschläge. Aber in all dem zeigt sich die Souveränität, die Überlegenheit und Allmacht Gottes; und das sollten unsere Söhne begreifen. Gott hält alles in seinen Händen. Das gibt uns – und unseren Kindern – Frieden und Geborgenheit in einer Zeit, wo es in allen Teilen der Welt immer neue Kriege gibt.

Weihe eines Familienmitglieds: Anlegen der Waffenrüstung Gottes

Material

– Bibellexika, Kommentare u.ä. Studienmaterial
– Pappe, möglichst von Kisten
– Aluminiumfolie
– Skimütze
– ein Paar Schuhe des Familienmitglieds, das geweiht werden soll
– ein Gürtel dieser Person
– Schnur
– Filzstifte
– Tesafilm und Kreppband
– Scheren
– Fotoapparat, falls gewünscht

Text: Epheser 6, 10-18

Vorbereitung

Entscheiden Sie am Morgen des Tages, an dem die Andacht stattfindet, welches Familienmitglied geweiht werden soll. (Vielleicht Vati, wenn er gerade eine neue Arbeitsstelle antritt, oder Mutti, wenn sie eine neue Aufgabe in der Gemeinde übernommen hat, oder ein Kind, das ein neues Schuljahr beginnt.) Nachdem Sie Kommentare zum Thema Waffenrüstung gelesen und die einzelnen Waffen, auch anhand von Abbildungen, studiert haben, verteilen Sie folgende Aufgaben innerhalb Ihrer Familie:

Vers 14: Schmücken Sie einen *Gürtel* der Person, die geweiht werden soll, wie es in biblischer Zeit üblich war, und schreiben Sie auf einer Karte einige Möglichkeiten auf, wie der Betreffende diesen Gürtel der Wahrheit in dem vor ihm liegenden neuen Lebensabschnitt in besonderer Weise brauchen wird. Dient dieser Teil der Rüstung dem Angriff oder der Verteidigung? (Wir haben zum Beispiel Craig geweiht, weil für ihn ein neuer Abschnitt seiner Promotion begann. Sein Gürtel war mit Schnur geschmückt, an der sich gleichzeitig andere Teile der Rüstung befestigen ließen. Da es sich um ein Mittel zur Verteidigung handelt, erinnerten wir Craig, trotz seiner vielfältigen Aufgaben an Treue und Redlichkeit gegenüber seiner Familie, seinen Studienkollegen, unserer Gemeinde und vor allem Gott gegenüber festzuhalten, der bei seiner Zeiteinteilung weiterhin an erster Stelle stehen sollte.)

Vers 14: Basteln Sie einen *Panzer (Brustharnisch)* der Gerechtigkeit, zum Beispiel aus Pappe, Filzstiften, Schnur, usw. (Lassen Sie Ihrer Phantasie freien Lauf!) Schreiben Sie auch hier auf eine Karte, wie der „Geweihte" diesen Harnisch speziell für sich brauchen wird. Dient er zum Angriff oder zur Verteidigung? (Der Verteidigung, er soll das Herz schützen. Robb sagte zum Beispiel, daß er seinen Vater gegen Entmutigung und Frustration schützen soll, die sich leicht einstellen können, wenn man soviel zu tun hat.)

Vers 15: Machen Sie ein Paar Schuhe wie die *Stiefel* eines römischen Soldaten zurecht. Benutzen Sie dabei aus Ihrer „Sammlung" alles, was irgendwie brauchbar ist. Auf einer Karteikarte beschreiben Sie, wie dieses Schuhwerk hilft, „einzutreten für das Evangelium des Friedens". Geht es hier um Angriff oder Verteidigung? (Verteidigung: die Stiefel verleihen dem Glaubenden Stabilität. Wir wünschten Craig, daß er in Christus fest verwurzelt bleibt und somit seinen Frieden erfährt – auch und gerade unter hektischen äußeren Umständen.)

Vers 16: Basteln Sie einen *Schild,* und beachten Sie dabei, daß dieser in biblischer Zeit aus Holz hergestellt und mit Leder überzogen wurde. Notieren Sie Möglichkeiten, wie der Betreffende diesen Schild in besonderer Weise brauchen wird. Dient er dem Angriff oder der Verteidigung? (Der Schild des Glaubens ist eine wunderbare Verteidigungswaffe, die den Glaubenden vor allen „Pfeilen" schützt, die auf ihn „abgefeuert" werden. Jay „befahl" seinem Vater, Gott und seiner Familie treu zu bleiben, welche Waffen auch immer gegen ihn gerichtet würden.)

Vers 17: Verwandeln Sie eine Skimütze in den *Helm* eines römischen Soldaten. Notieren Sie, wo der Helm des Heils in besonderer Weise nötig sein wird. Dient der Helm der Verteidigung oder dem Angriff? (Der Schutzhelm wurde nur dann getragen, wenn der Kämpfer einer Gefahr ausgesetzt war und gab ihm ein Gefühl der Sicherheit. Wir wollten, daß Craig sich stets, auch unter möglicherweise schwierigen Umständen, in der Gegenwart Gottes geborgen fühlt.)

Vers 17: Basteln Sie ein *Schwert.* Notieren Sie auf einer Karte, wie das Schwert des Geistes – Gottes Wort – gebraucht werden muß. Ist dieser Teil der Rüstung eine Angriffs- oder Verteidigungswaffe? (Robb forderte seinen Vater heraus, Gottes Wort als einzige Angriffswaffe in eben dieser Weise zu gebrauchen. Craig würde sich immer wieder dafür entscheiden müssen, Gott und seinem Wort treu zu bleiben, um für alles gewappnet zu sein, was ihm begegnete.)

Studieren Sie die Verse 10-13, so daß Sie mit einem „straffen Befehl" für den Geweihten beginnen können.

Verstecken Sie die Waffen vorerst noch, damit es später eine Überraschung wird. Auch die Karteikarten mit den Notizen werden zunächst noch verwahrt.

Wenn Sie möchten, können Sie eine Tischkarte basteln. Diese kann zum Beispiel so aussehen: „(Name), bereite Dich auf den Kampf vor!" und auf der Rückseite: „(Name), wir haben Dich lieb und stehen Dir zur Seite!"

Durchführung

1. Anfangsgebet
2. Sprechen Sie kurz über die besonderen Herausforderungen, die derjenige, der geweiht werden soll, bewältigen muß. Erklären Sie weiter, daß die Familie ihm/ihr in besonderer Weise helfen will, und daß Sie dafür einen Bibelabschnitt gewählt haben, der Unterstützung und Herausforderung zugleich ist. Lesen Sie nun Epheser 6, 10-18.
3. Erläutern Sie die Verse 10-13 und ermutigen Sie Ihre Familie, und besonders das Familienmitglied, das „geweiht" werden soll, *stark zu sein* (in der Kraft Gottes, die unbesiegbar ist), *die Waffenrüstung Gottes anzulegen* (mit aller Dringlichkeit; es ist in unserer Pflicht und Entscheidung, das zu tun) und *festzustehen* (nicht anzugreifen, aber bestehen zu können gegen die listigen Angriffe des Teufels).
4. Bitten Sie das ausgewählte Familienmitglied aufzustehen, und geben Sie bekannt, daß Sie ihm nun eine Waffenrüstung anlegen wollen, um ihn/sie auf den bevorstehenden Kampf vorzubereiten. (Derjenige, der den Gürtel gebastelt hat, bindet ihn nun dem Geweihten um und erläutert, was es bedeutet, „an den Lenden mit Wahrheit umgürtet zu sein." Anschließend bezieht er sich noch ganz konkret auf die Situation des betreffenden Familienmitglieds.
5. Rüsten Sie Ihren Geweihten der Reihe nach mit Panzer, Stiefeln, Schild, Helm und Schwert aus, und verbinden Sie mit jedem Teil eine entsprechende Erläuterung bzw. Herausforderung.

6. Fotografieren Sie den so für die Schlacht gerüsteten Kämpfer.
7. Beten Sie zum Schluß und bitten Sie Gott, diesem Mitglied Ihrer Familie zu helfen, festzustehen und alle Waffen zur Hand zu haben. Beten Sie auch um Gottes Beistand, daß die übrige Familie den „Geweihten" in dieser besonderen Phase seines Lebens weiterhin ermutigt und unterstützt.

Vorschläge

Dieser Abschnitt in Craigs Promotion (wo er drei Semester vollzeitlich Unterricht hatte, während er auch noch seinen Dienst in der Gemeinde weiterführte) lag bedrohlich vor uns, wie ein Ungeheuer, das uns jeden Augenblick zu verschlingen drohte. Ich wußte, daß wir uns unbedingt in besonderer Weise auf diese Zeit vorbereiten mußten. Diese Andacht war das Ergebnis, und sie wurde uns zur Hilfe.

Mit unseren Herausforderungen waren wir ein Teil von Craigs „Armee" geworden. Robb und Jay hatten mit ihren Beiträgen Einsicht und Verständnis bewiesen, und wir alle hatten Zeit, über dieses wichtige Thema nachzudenken und auch darüber, was es für *uns* als Familie bedeutet. Obendrein hatten wir viel Spaß dabei. Vati sah prächtig aus, nachdem wir ihn buchstäblich von Kopf bis Fuß „eingerüstet" hatten!

Denken Sie bei besonderen Situationen und Anlässen an diese Andacht. Vielleicht sollte sie jedem Familienmitglied einmal geweiht sein. Bestimmt gibt es eine ganze Reihe von Aktivitäten, die unsere Kinder – zuweilen mit Furcht und Zittern – beginnen. Können wir ihnen noch besser zeigen, daß wir sie in dieser Zeit ermutigen und unterstützen wollen?

Freude am Helfen: Pakete packen

Material

- Rezept und Zutaten Ihrer Lieblingsplätzchen
- Süßigkeiten und Snacks aller Art: Schokoladengetränk, Schokoladentafeln, Chips, Suppen usw.
- Adressen von zwei oder drei Personen (evtl. aus ihrer Gemeinde): Soldaten, Studenten, Bewohner eines Alters- oder Kinderheims ...
- Briefpapier
- Verpackungsmaterial, Kisten
- Schreibzeug
- Karteikarten
- Tesafilm

Text: 1. Johannes 3, 16-20

Vorbereitung

Stellen Sie alles bereit, was Sie zum Plätzchenbacken brauchen.

Bereiten Sie auch alles andere vor, was für die Pakete benötigt wird.

Fragen Sie gegebenenfalls Angehörige nach Dingen, die dringend gebraucht werden, sowie Gebetsanliegen für die betreffenden Personen. (Die Pakete sollen aber ein Geheimnis bleiben!)

Studieren Sie 1. Johannes 3, 16-20 und wie in diesem Abschnitt Liebe erläutert wird.

Basteln Sie eine Tischkarte und schreiben Sie 1. Johannes 3, 16-20 darauf. Vielleicht schreiben Sie auf eine weitere Tischkarte „Liebe in Aktion" auf die Vorder- und „Geschenkpakete" auf die Rückseite.

Durchführung

1. Sprechen Sie beim Abendessen über diesen Abschnitt des ersten Johannesbriefes, nachdem ihn eines der Kinder vorgelesen hat. Folgende Fragen bieten sich an:
   - Gott erläutert uns in diesem Abschnitt durch Johannes auf verschiedene Weise, was es bedeutet, einander zu lieben. Könnt Ihr einiges davon beschreiben? (Jesus hat sein Leben für uns gegeben;

wir sollen als Christen auch unser Leben für andere hingeben; außerdem sollen wir auch unsere materiellen Güter mit Bedürftigen teilen.)

- Wie sollen wir einander lieben? (Mit der Tat und mit der Wahrheit.)
- Heißt das, daß wir nicht über unsere Liebe zueinander sprechen sollten? (Nein! Aber hinter unseren Worten müssen auch Taten stehen.)
- Könnt Ihr ein Beispiel für leere Worte nennen, denen keine liebende Tat folgt? (Bloßes Vernarrtsein – wenn ein Mann einer Frau nach dem ersten Anschauen sagt: „Ich liebe dich." Wenn jemand sagt, daß du ihm viel bedeutest, und er dir dann Alkohol oder Drogen anbietet.)

2. Geben Sie nach dem Abendessen bekannt, daß Sie Liebe in die Tat umsetzen wollen, indem Sie zwei oder drei speziell ausgewählten Personen mit einem Paket eine Freude machen wollen. Unterstreichen Sie, daß Sie Ihre Liebe nicht nur mit Worten, in Form von Grüßen, zum Ausdruck bringen wollen, sondern mit der Tat, in Form von Geschenken. Teilen Sie nun die Namen der Betreffenden und die Gebetsanliegen mit, so daß den Kindern deutlich wird, was diese Leute brauchen.
3. Zeigen Sie Ihren Kindern, was in die Pakete kommen soll, so daß sie schon mit dem Packen beginnen können.
4. Backen Sie die Plätzchen, und lassen Sie dabei die Kinder soviel wie möglich helfen.
5. Legen Sie die entsprechende Anzahl Briefbögen bereit, auf denen jedes einzelne Familienmitglied Grüße an die Empfänger schreibt.
6. Wenn die Plätzchen fertig sind, können die Pakete fertig gepackt und adressiert werden. (Heben Sie ein paar Plätzchen für sich selbst zum Kosten auf.)
7. Fragen Sie zum Schluß, wer gern für die Beschenkten beten möchte, und beenden Sie die Andacht mit einem gemeinsamen Gebet.

Vorschläge

Prüfen Sie sorgfältig, welchen Personen oder welcher Personengruppe Sie sich auf diese besondere Weise zuwenden sollten. Weihnachten ist bestimmt eine gute Gelegenheit, Einsamen und Bedürftigen eine Freude zu bereiten, aber man sollte auch die vielen Wochen nicht vergessen, die bis zum nächsten Weihnachtsfest vergehen. Halten Sie Augen, Ohren – und Ihr Herz – offen, damit Gott Ihnen zeigen kann, wem Sie Ihre Liebe mit der Tat entgegenbringen sollen, wie es in 1. Johannes 3 beschrieben ist. Dann werden Schenkende und Beschenkte gleichermaßen gesegnet, und Sie werden schon bei der Vorbereitung viel Freude haben.

Das Tierspiel

Material

- Luftballons, 12 cm im Durchmesser oder kleiner
- ein großes Stück Poster- oder Zeichenkarton
- Filzstifte
- Klammeraffe
- Pfeile (von einem Wurfpfeilspiel); für kleinere Kinder Pinstifte
- Würfel
- großes Lineal
- Bleistift
- Papier
- ein besonderer Nachtisch
- Karteikarten
- Tesafilm

Text: Hiob 12,7; andere Stellen in der Bibel, wo Tiere erwähnt werden (zum Beispiel die Schöpfungsgeschichte; die Tiere in der Arche Noah; die Taube, die Noah fliegen läßt; die Frösche von einer der zehn Plagen; die Brote und Fische bei der Speisung der Fünftausend usw.)

Vorbereitung

Fertigen Sie aus Zeichenkarton oder auf der Rückseite eines alten Posters ein Spiel. Schreiben Sie oben mit farbigen Druckbuchstaben „Das Tierspiel" darauf. Wenn Ihre Kinder schon älter sind, ziehen Sie nun Linien, die Kästchen für *dreißig* Tiere ergeben. (Bei kleineren Kindern sollten Sie die Anzahl der Kästchen so festlegen, daß ihnen bei angestrengtem Nachdenken über ihr Bibelwissen ein Tier für jedes Kästchen einfällt.) Zu den Tieren gehören:
- Fisch (fünfmal)
- Lamm (zweimal)
- Pferd
- Kalb (zweimal)
- Schaf (zweimal)
- Esel (zweimal)

– Bulle
– Vogel (zweimal)
– Ziege
– Schwein (zweimal)
– Wolf
– Widder
– Löwe (zweimal)
– Kamel
– Hund
– Frosch
– Ochse

Hinweis: Wenn Sie nicht sicher sind, wo diese Tiere in der Bibel erwähnt werden, dann sollten Sie eine Konkordanz benutzen und nachschlagen, welche Rolle sie spielen. Vielleicht sollten Sie das einige Tage vor dieser Andacht tun, damit Sie die gleiche Ausgangsbasis wie Ihre Familie haben (zumindest wenn Sie so ein Gedächtnis haben wie ich ...). Eine andere Möglichkeit besteht darin, *während des Spiels* in einer Konkordanz nachzuschlagen, wenn niemand eine Antwort weiß.

Schreiben Sie die Namen der Tiere möglichst klein in die einzelnen Kästchen, und heften Sie dann sorgfältig jeweils einen aufgeblasenen Luftballon an jedes Kästchen, so daß der Tiername verdeckt wird.

Fertigen Sie eine Punktliste an, auf der Sie oben für jede Mannschaft die folgenden Regeln aufführen:

– Spieler hat richtig geraten: 2 Punkte
– ein anderes Mannschaftsmitglied hilft: 1 Punkt
– Weitergabe an eine andere Mannschaft, welche richtig antwortet: 1 Punkt

Später tragen Sie auch die Namen der einzelnen Mannschaftsmitglieder in die Liste ein.

Suchen Sie eine *sichere* Stelle aus, an der Sie das Spiel aufhängen. (Sie wollen Pfeile werfen!) Befestigen Sie das Spiel probeweise, um den richtigen Abstand für den Abwurf der Pfeile herauszufinden. Vielleicht ist es ratsam, den Abwurfpunkt zu markieren. Verraten Sie Ihrer Familie noch nichts von dem Spiel. (Mit kleineren Kindern zerstechen Sie die Ballons abwechselnd mit einem Pinstift.)

Basteln Sie eine Tischkarte und schreiben Sie Hiob 12,7 darauf: „Frage doch das Vieh, das wird dich's lehren und die Vögel unter dem Himmel, die werden dir's sagen."

Durchführung

1. Fragen Sie Ihre Kinder beim Abendessen, worauf die Tischkarte für heute wohl hinweisen könnte.
2. Sagen Sie ihnen später, daß Sie das „Tierspiel" spielen wollen, und daß Tiere uns tatsächlich helfen können, bestimmte Abschnitte aus der Bibel zu behalten. Bilden Sie zwei Mannschaften und lassen Sie ihnen Zeit, sich einen Namen zu geben. (Wir haben uns Tiernamen gegeben.) Schreiben Sie diese Namen auf die Punktlisten.
3. Nachdem Sie das Spiel aufgehängt haben, erläutern Sie die Spielregeln.
   - Würfeln Sie darum, welche Mannschaft beginnt.
   - Ein Mitglied dieser Mannschaft versucht dann, mit einem Pfeil einen Ballon zu treffen, so daß der Name des Tieres zu lesen ist. (Wir haben jedem drei Versuche gegeben, um einen Luftballon zu treffen.)
   - Der gleiche Spieler muß nun eine Begebenheit nennen, wo dieses Tier in der Bibel erwähnt wird. Jedes Beispiel darf nur EINMAL genannt werden (das gilt auch für die Geschichte mit der Arche).
   - Eine richtige Antwort bringt dem Team zwei Punkte.
   - Fällt demjenigen, der den Pfeil geworfen hat, kein Beispiel ein, darf die Mannschaft helfen. Für eine richtige Antwort gibt es nun einen Punkt.
   - Weiß auch die Mannschaft kein Beispiel zu nennen, wird das Tier der *anderen* Mannschaft „übergeben". Nennt diese Mannschaft ein richtiges Beispiel (wobei es erlaubt ist, sich innerhalb der Mannschaft abzusprechen), erhält sie einen Punkt. (Findet *niemand* einen biblischen Zusammenhang für das betreffende Tier, schlagen Sie in einer Konkordanz nach.)
   - Setzen Sie das Spiel solange fort, bis alle Luftballons getroffen worden sind. (Die Spieler der einzelnen Mannschaften wechseln sich immer wieder ab.) Tragen Sie die erreichten Punkte in die Listen ein, und belohnen Sie alle Spieler mit einem besonderen Nachtisch.
   - Schließen Sie mit Gebet; danken Sie Gott auch für die wichtige Rolle, die Tiere in seinem Plan spielen.

Vorschläge

Unsere Jungs sind stets für Spiele zu begeistern. Das „Tierspiel" vereint aktive Betätigung und Auffrischung von Bibelwissen. Sie haben beides gut gemacht – kamen mit Antworten, an die ich nicht einmal gedacht hatte und erinnerten mich an Abschnitte, die ich zwar nachgelesen, aber wieder vergessen hatte! Als sie (anhand der Tischkarte) raten sollten, wie unsere Andacht wohl aussehen würde, glaubten sie mit Sicherheit, daß wir eine Lektion über unseren Hund lernen würden!

Achten Sie beim Pfeilwerfen bitte sehr aufmerksam darauf, daß niemand verletzt werden kann, und legen Sie mehr Gewicht auf die Zusammenarbeit als auf den Wettstreit. Weil am Ende jeder eine Nachspeise erhält, wird das Wettkampfsmoment hoffentlich nicht in negativer Weise überbetont.

Mitgefühl entwickeln: „In den Mokassins eines anderen laufen"

Material

- Lexika
- Notizpapier
- Kugelschreiber oder Bleistifte
- Kurzzeitwecker
- Karteikarten
- Bibel
- Tesafilm
- Filzstift

Text: 2. Korinther 1, 3-7

Vorbereitung

Studieren Sie den Hintergrund und Zusammenhang von 2. Kor 1, 3-7. Der Brief wendet sich an Christen und geht auf die Leiden und Nöte ein, die ein Teil des Lebens als Christ ausmachen, und darauf, wie wir anderen Trost spenden und selbst Trost empfangen sollen. Gott ist die Quelle allen Trostes. Paulus ermutigt uns deshalb, andere mit dem Trost zu trösten, den wir selbst von Gott empfangen haben.

Legen Sie die Lexika, eine Bibel, einen Kurzzeitwecker, Notizblock, Karteikarten und Stifte bereit.

Basteln Sie eine Tischkarte und schreiben Sie 2. Korinther 1, 3-7 darauf. Vielleicht möchten Sie auf die Rückseite an Paar Mokassins malen.

Durchführung

1. Beginnen Sie mit Gebet und bitten Sie Gott, Ihnen zu helfen, an diesem Abend besonders empfänglich für die Bedürfnisse des anderen zu sein.
2. Versuchen Sie – eventuell mit Hilfe verschiedener Lexika – genau zu erläutern, was die Worte *Barmherzigkeit, Trost, Mitgefühl* und *betrübt* beinhalten und bedeuten. (Wenn die Familie größer ist, können Sie auch noch *Geduld* und *ertragen* hinzunehmen.) Erläutern Sie jeden Begriff auch anhand eines praktischen Beispiels. (Mitgefühl bedeutet

zum Beispiel, die Gefühle des anderen so gut zu verstehen, daß *ich mit ihm fühle.* Man könnte es am Beispiel eines Spielkameraden Ihres Kindes erläutern, der kürzlich auf dem Spielplatz von anderen schikaniert wurde: Kannst du dich daran erinnern, wie dich jemand schikanieren wollte? Wie hast du dich damals gefühlt? Verstehst du jetzt, wie deinem Freund zumute war? Was könntest du tun, um ihm zu helfen, falls das wieder passiert?)

3. Schlagen Sie 2. Korinther 1, 3-7 auf. Nachdem der Text gelesen wurde, können Sie folgende Fragen stellen:
   - Wer ist die Quelle aller Barmherzigkeit und allen Trostes? (Gott) Was bedeuten die Worte Barmherzigkeit und Trost? (Wiederholen Sie noch einmal die zuvor gefundenen Definitionen.)
   - Worin besteht einer der Gründe, weshalb zu unserem Leben auch Leiden und Sorgen gehören? (Damit wir mit anderen mitfühlen und sie mit dem Trost trösten können, mit dem wir selbst getröset wurden.)
   - Was bedeutet es, jemanden zu trösten? (Dazu gehört – äußerlich, daß wir der betreffenden Person beistehen und ihr konkrete Hilfe anbieten; – emotional, daß wir ihre Gefühle echt zu verstehen versuchen; – geistlich, daß wir für sie beten und sie unterstützen, wo immer es nötig ist.)
4. Stellen Sie heraus, daß Mitgefühl, also sich in die Lage und Gefühle eines anderen hineinzuversetzen, einen wesentlichen Teil der Barmherzigkeit ausmacht. Das kommt in einem alten Sprichwort der Indianer so treffend zum Ausdruck, in dem es sinngemäß heißt: Um einen Menschen wirklich zu verstehen, mußt du zwei Monate in seinen Mokassins laufen. Was bedeutet es, „in den Mokassins eines anderen zu laufen“? Doch nichts anderes, als das Leben mit seinen Augen zu sehen, die Herausforderungen zu erleben, die das Leben an ihn stellt. Möchtet Ihr das heute abend versuchen?
5. Teilen Sie für jeden einen Stift und eine Karteikarte aus, und schreiben Sie Ihre Namen darauf. Mischen Sie die Karten, bevor jeder einen Namen zieht.
6. Nun erhält jeder ein Blatt Notizpapier und den Auftrag, sich vorzustellen, was es bedeutet, „in den Mokassins“ der Person „zu laufen“, dessen Namen er gezogen hat. Jeder soll gründlich über alle Verantwortlichkeiten, Sorgen und Probleme nachdenken, mit denen das betreffende Familienmitglied im Augenblick fertigwerden muß, und diese dann aufschreiben. Außerdem soll sich jeder überlegen, wie er

den anderen äußerlich, emotional und geistlich unterstützen und trösten kann.

7. Bieten Sie Ihrer Familie nun zwei Hilfen an, um sich besser in die Lage des anderen hineinversetzen zu können. Setzen Sie sich zunächst an einen Platz, an dem derjenige, dessen Namen Sie gezogen haben, oft sitzt, und machen Sie dann buchstäblich die Erfahrung, in den „Mokassins des anderen zu laufen", indem Sie Ihre Schuhe austauschen.(Ich weiß, daß es beispielsweise für den Vater schwierig sein kann, in die Schuhe eines Kindes zu schlüpfen. Versuchen Sie aber ihr möglichstes – und stecken Sie den Schuh, wenn nötig, über den großen Zeh, damit auch der Spaß an diesem Abend nicht zu kurz kommt!)
8. Stellen Sie den Kurzzeitwecker (je nach Alter und Konzentrationsvermögen Ihrer Kinder) auf fünf bis zehn Minuten. Wenn der Wecker klingelt, kehrt jeder wieder zum Tisch zurück, wo er wiederum die Schuhe eines anderen, Bleistift und Papier mit der gleichen Aufgabe erhält.
9. Wenn die Zeit wieder abgelaufen ist, tauschen Sie sich aus, was jeder über die augenblicklichen Gefühle, Sorgen und Probleme des anderen herausgefunden zu haben glaubt. Anschließend soll jeder berichten, wie er meint, den anderen trösten zu können. Vielleicht möchten Sie folgende Fragen stellen: Kannst du dir wirklich vorstellen, was es bedeutet, in den Schuhen von . . . zu laufen? War es hilfreich, sich Zeit zu nehmen und sich in die Lage des anderen zu versetzen? Wäre das nicht auch eine gute Möglichkeit, um andere besser verstehen zu lernen, besonders diejenigen, mit denen wir nicht besonders gut auskommen? Was ist mit denen, die unglücklich zu sein scheinen? Kritisch? Unsicher? Egoistisch? Könnten wir nicht auf diese Weise auch anderen wirklich helfen?
10. Beten Sie zum Schluß füreinander und die Anliegen, die Sie herausgefunden haben, während Sie „in den Mokassins des anderen" gelaufen sind.

Vorschläge

Wir versuchen hoffentlich immer, unsere Freunde und unsere Lieben auf diese Weise zu verstehen. Aber wie steht es mit denen, die das besondere Talent haben, uns ständig „auf die Nerven zu gehen"? Und denjenigen, die durch ihr Unglücklichsein unleidlich, mißmutig oder einfach gemein werden? Ich habe festgestellt, daß es mir am leichtesten fällt, barmherzig mit diesen verletzten Menschen umzugehen, wenn ich zu verstehen versuche, *warum* sie so reagieren und mich bemühe, zu sehen und zu fühlen, was sie erleben. Und das sollten auch meine Söhne lernen und begreifen, wenn sie versuchen, ihren Lehrer zu verstehen, der so ungerecht zu sein scheint und ständig etwas auszusetzen hat; wenn auf dem Spielplatz andere schikaniert und gedemütigt werden oder wenn der „Klassenkasper" ständig versucht, die Aufmerksamkeit auf sich zu lenken. Wenn ich sie lehren kann, zu versuchen, „in den Mokassins eines anderen zu laufen" und auf diese Weise mit ihm zu fühlen und ihm gegenüber barmherzig zu sein, dann werden sie hoffentlich auch lernen, den anderen mit den Augen der Liebe zu sehen – der *Liebe Gottes.*

3. Unsere schwachen Stellen

Willkommene Abwechslung im Winter

Material

- Draht (z. B. Stützdraht, wie er für Blumen verwendet wird)
- Luftballons, 12 cm im Durchmesser
- Küchengeräte (Fleischklopfer, Spatel, Holzlöffel, Wender usw.)
- Abdeckband und Tesafilm
- Picknickdecke und -korb
- Picknick-Abendessen
- Karteikarten
- Filzstifte

Text: Jesaja 40, 28-31

Vorbereitung

Dieses Spiel – „Hallenkrocket" – sollte während der Wintermonate gespielt werden.

Schneiden Sie den Draht so zurecht, daß Sie daraus Pfostentore, wie sie bei Krocket verwenden werden, formen können. Achten Sie darauf, daß die Tore groß genug sind, damit Ihre Luftballons leicht durchpassen. (Wie viele Sie brauchen, hängt von der Spielfläche ab, die Ihnen zur Verfügung steht. Wir haben zum Beispiel auf dem Linoleumfußboden in der Küche und auf dem Holzfußboden im Eß- und im Wohnzimmer gespielt. Sollte Ihre gesamte Wohnung mit Teppichfußboden ausgelegt sein, müssen Sie ausprobieren, ob es möglich ist, darauf Krocket zu spielen.)

Blasen Sie für jedes Familienmitglied einen Luftballon auf, und weitere als Reserve. Geben Sie möglichst jedem Familienmitglied eine andere Farbe.

Wiederholen Sie die Grundregeln für Krocket (alle Bälle müssen durch die Drahttore getrieben werden, um das Ziel zu errreichen; wer zuerst fertig ist, kann versuchen, die anderen, die noch nicht fertig sind, zu treffen); erfinden Sie auch neue Regeln, die Ihrer speziellen Situation entsprechen.

Legen Sie eine entsprechende Auswahl von Küchengeräten bereit, die als Hammer bzw. Schläger verwendet werden können.

Planen Sie Ihren Krocketplatz. Wenn Sie jedoch kein Zimmer zur Verfügung haben, das Sie abschließen können, stellen Sie die Tore lieber noch nicht auf. Man kann zu schnell darüber stolpern! (Außerdem bleibt das Krocketspiel so eine Überraschung.)

Planen Sie das Abendessen in Form eines Picknicks, zum Beispiel mit Brathähnchen, frischem Obst, Gebäck ...

Studieren Sie den angegebenen Abschnitt in Jesaja; beachten Sie, daß „kriegen neue Kraft“ (V.31) wörtlich lautet: „wechseln ihre Kraft“, wie man zum Beispiel seine Kleider wechselt oder etwas Altes gegen etwas Neues austauscht.

Basteln Sie eine Tischkarte und schreiben Sie Jesaja 40, 28-31 darauf.

Durchführung

1. Eröffnen Sie die Andacht mit Gebet, indem Sie Gott um seinen Segen bitten. Leiten Sie das Gespräch, indem Sie beispielsweise folgende Fragen stellen:
   - Wie beschreibt Jesaja in diesen Versen Gott? (Als ewigen Gott, als den Schöpfer der Enden der Erde, er wird nicht müde noch matt, sein Verstand ist für uns unausforschlich.)
   - Was tut unser großer Gott für seine Kinder? (Er gibt den Müden Kraft und stärkt diejenigen, die matt geworden sind.)
   - Was bedeutet das? (Daß unser Gott *uns* freiwillig an seiner Schöpfung, an Kraft und Stärke teilhaben läßt.)
   - Wissen wir genau, daß wir am Ende alle müde werden? (Ja, selbst junge Männer werden müde und matt!) Der Vers 31 beginnt jedoch mit einem *„aber“*. Was sagt Jesaja, was wir tun können, obgleich wir alle müde werden? (Auf den Herrn hoffen.) Was für eine Hoffnung ist das? (Wir verlassen uns darauf, daß Jesus seine Verheißun-

gen wahrmachen und uns bewahren wird bis zu dem Tag, an dem er wiederkommen wird.) Was erhalten wir, wenn wir uns entschieden haben, auf seine Verheißungen zu vertrauen? (Neue Kraft, daß wir aufsteigen wie auf den Flügeln eines Adlers, daß wir laufen und nicht matt werden, wandeln und nicht müde werden.)

- Wir wollen die Wendung „neue Kraft kriegen" näher betrachten. Im Urtext steht hier genau genommen „seine Kraft wechseln, eintauschen", so wie man seine Kleider wechselt oder etwas Altes gegen etwas Neues eintauscht. Könnt ihr euch vorstellen, wie ihr eure „Kleider" wechselt, die alten, abgetragenen ablegt und neue, saubere anzieht, die euch in die Höhe tragen? Vielleicht möchten Sie jetzt als Familie beten und Gott bitten, daß er jedem hilft, bewußt und entschieden auf seine Verheißungen zu vertrauen.

2. Erklären Sie, daß sie nun, genau so wie sie ihre „Kraft gewechselt" haben, auch die „Jahreszeit wechseln" wollen! Obwohl es *draußen* vielleicht stürmt oder schneit, soll *drinnen* jetzt Sommer sein. Deshalb wollen wir jetzt (drinnen!) ein Picknick und ein Sommerspiel machen. (Vielleicht soll das Krocketspiel bis zum Schluß ein Geheimnis bleiben.)
3. Breiten Sie eine Decke auf dem Fußboden aus, und genießen Sie Ihr Picknick.
4. Stellen Sie später die Krockettore auf und befestigen Sie diese mit Klebeband auf dem Fußboden. Teilen Sie die Luftballons sowie die Küchengeräte, die als Schläger dienen sollen, aus, und genießen Sie diese willkommene Abwechslung im Winter.
5. Schließen Sie mit Gebet ab.

Vorschläge

Mit etwas Hilfe können sich auch schon kleinere Kinder an diesem Spiel beteiligen. Und natürlich wird ein Winter-„Picknick" auf dem Fußboden in der Küche für jeden eine spannende Sache sein!

Wenn Jay nach seiner Lieblingsfamilienandacht gefragt wird, nennt er stets diese. Ich glaube, das war genau das, was wir in den scheinbar endlosen, trüben Januartagen brauchten. Wir lachten alle über uns selbst, übereinander und über unseren verrückten Hund, der sich die ganze Zeit, während wir spielten, mit den Luftballons amüsierte!

Das Wichtigste war jedoch, daß uns neu bewußt wurde: es kommt auf unsere *Entscheidungen* an – Entscheidungen, die wir zuweilen im Gegensatz zu unseren *Gefühlen* treffen müssen. Obwohl wir uns tatsächlich müde und matt fühlten, vertrauten wir erneut auf Gottes Verheißungen für uns. Wir bekamen neue Kraft, indem wir unsere „alten Kleider ablegten" und neue anzogen, die uns wie auf Adlers Flügeln emportrugen. So spiegelte die Wärme und das Lachen in unserem Haus auch die Veränderungen wider, die sich in unseren Herzen vollzogen hatten.

Reisevorbereitung: Versprechen abgeben

Material

– kleine Schachtel
– Geschenkpapier und -band
– Karteikarten
– Stifte
– Tesafilm

Text: einen oder mehrere Verse, die Ihre Familie auswendiglernen möchte

Vorbereitung

Einigen Sie sich ein paar Wochen, bevor Sie verreisen wollen, über einen Bibelvers oder -abschnitt, den Sie als Familie auswendiglernen wollen. Familien mit größeren Kindern können natürlich längere Abschnitte wählen, während sich Familien, deren Kinder noch kleiner sind, auf einfachere Stellen konzentrieren sollten. Achten Sie jedoch darauf, daß Sie Ihre Kinder, ganz gleich wie alt sie sind, nicht überfordern. Die Auswahl der Bibelstelle soll wirklich eine *Familienentscheidung* sein.

Nachdem Sie sich auf einen Bibelabschnitt geeinigt haben, schreiben Sie diesen auf eine Tischkarte. Zunächst lernt jedes Familienmitglied nur einen Teil davon auswendig. Wiederholen Sie beim Abendessen die einzelnen Abschnitte immer wieder, bis jeder die gesamte Bibelstelle auswendig gelernt hat. (Das verteilt man am besten auf mehrere Abende.)

Legen Sie für die Familienandacht, die Sie vor Ihrer Reise durchführen, eine kleine Schachtel, Geschenkpapier und -band, Tesafilm, Karteikarten sowie Stifte bereit.

Durchführung

1. Beginnen Sie mit einem Gebet.
2. Teilen Sie Ihrer Familie mit, daß Sie während Ihrer Reise die gelernten Verse immer wiederholen wollen, um sie nicht zu vergessen. (Dazu gibt es verschiedene Möglichkeiten: Sie können die Verse jedesmal *gemeinsam* aufsagen, wenn Sie zum Beispiel durch eine Stadt fahren

oder eine rote Scheune sehen. Oder jeder sagt die Stelle *einzeln* auf, wenn Sie wieder in Ihr Auto zurückkommen. Weil unsere Söhne gern vorn bei ihrem Vater sitzen, mußte jeder – auch Mutti und Vati! –, wenn er auf dem Vordersitz Platz nahm, die Verse aufsagen. Lassen Sie sich also etwas einfallen, was den Gegebenheiten in Ihrer Familie am besten entspricht.)

3. Sprechen Sie darüber, wie man sich leicht „auf den Nerv gehen" kann, wenn man längere Zeit gemeinsam auf engem Raum zubringen muß, wie zum Beispiel während einer Reise. Deshalb wollen sie jetzt Versprechen abfassen, in denen sie schriftlich niederlegen, was sie *tun oder nicht tun wollen,* und diese sich dann als *Geschenk* überreichen. (Führen Sie Beispiele an, damit die Kinder auch genau verstehen, was gemeint ist: zum Beispiel verspricht Vati, die Klimaanlage so einzustellen, daß Mutti nicht friert; oder der große Bruder verspricht, die kleine Schwester nicht zu ärgern.)
4. Teilen Sie für jeden eine Karteikarte und einen Stift aus. Lassen Sie genügend Zeit, damit jeder gründlich nachdenken kann, bevor er sein Versprechen niederschreibt. Achten Sie bitte auch darauf, daß auf den Karten Datum und Unterschrift nicht fehlen.
5. Legen Sie die Karten, ohne sie zu lesen, in die Schachtel und lassen Sie das „Geschenk" von Familienmitgliedern verpacken.
6. Erklären Sie, daß wir uns tatsächlich gegenseitig beschenken, wenn wir versprechen, während der Reise rücksichtsvoller zu sein. Wir bringen uns selbst ein, zum Wohl unserer Familie.
7. Schließen Sie mit Gebet, und bitten Sie Gott, daß er Ihnen hilft, an die Versprechen zu denken und diese auch zu halten.
8. Später, entweder auf der Rückfahrt oder wenn Sie wieder zu Hause sind, öffnen Sie das Geschenk und lesen die Versprechen laut vor. Dann werden Sie hoffentlich einander für eine viel angenehmere Reise danken, als sie es ohne die Versprechen gewesen wäre!

Vorschläge

Unsere Familie wählt jedes Jahr zu Silvester einen Bibelabschnitt aus, den wir im Neuen Jahr auswendiglernen wollen. Für uns hat sich die Ferien- und Reisezeit ausgezeichnet bewährt, um diese Verse zu wiederholen, sie wirklich zu begreifen und nicht einfach nur auswendig zu pauken. Dann verbinden sich diese Verse mit schönen gemeinsamen Ferienerlebnissen und werden so zu Erinnerungen, die unser Leben begleiten und uns ein Gefühl der Wärme, Liebe und Zusammengehörigkeit vermitteln.

Die Versprechen haben sich in unserer Familie ebenfalls gut bewährt, wobei die Unterschrift unseren Söhnen ihre Verantwortung noch deutlicher werden ließ. Wir warteten mit dem Öffnen des Päckchens, bis wir wieder zu Hause waren – noch eine kleine Überraschung am Ende einer gelungenen Reise! Aber die meisten Versprechen auf den Kärtchen waren eigentlich keine Überraschungen mehr, denn die Veränderungen im Verhalten unserer Söhne waren nicht zu übersehen. Craig hatte versprochen, uns beim Aussteigen nicht ständig anzutreiben (was er auch seinen Möglichkeiten entsprechend gehalten hat), und ich hatte versprochen, nicht zu „meckern“ oder zu schreien *und* meine Lieblingsbeschäftigung während des Autofahrens – die unsere Jungs nicht ausstehen können – aufzugeben, nämlich meine Fingernägel zu lackieren!

Ein neues Schuljahr beginnt: „Die dreifache Schnur"

Material

– starkes Garn
– Klebeband
– Tesafilm
– Karteikarten
– Bleistifte oder Kugelschreiber und Filzstifte

Text: Sprüche 4, 7-12

Vorbereitung

Besorgen Sie Garn, das zwar stark ist, sich aber trotzdem noch zerreißen läßt, wenn man an beiden Enden fest zieht. Schneiden Sie 30 cm lange Fäden zurecht (viermal die Anzahl Ihrer Familienmitglieder und noch einige extra). Flechten Sie drei Fäden zusammen, indem Sie die Enden zunächst mittels Klebestreifen auf dem Tisch festkleben. Testen Sie das so entstandene „dreifache Band"; es sollte nun *unzerreißbar* sein (oder sich zumindest nur unter extremer Kraftanspannung zerreißen lassen). Legen Sie das Garn und das Klebeband für später beiseite. (Hinweis: leuchtende Farben eignen sich besonders gut!)

Legen Sie für jedes Familienmitglied eine Karteikarte bereit, die Sie brauchen werden, um Namen für Ihren „geheimen Partner" zu ziehen.

Studieren Sie den Hintergrund und die Bedeutung von Prediger 4, und bedenken Sie dabei, daß der Verfasser – vermutlich Salomo – als erfahrener und reifer Lehrer spricht. Indem er die Menschen einschätzt, sagt er uns, daß ein Leben ohne Gott im Grunde bedeutungslos ist. Freuden sollten nur als *Geschenke* Gottes an uns betrachtet werden; sie stellen weder den Sinn unseres Lebens dar, noch können sie aus sich selbst unserem Leben Bedeutung und Sinn verleihen. Auf diesem Hintergrund zeigt uns Salomo die Bedeutungslosigkeit eines Lebens auf, das ohne Beziehungen – untereinander und zu Gott – gelebt wird.

Basteln Sie eine Tischkarte und schreiben Sie Prediger 4, 7-12 oder 9-12 darauf.

Durchführung

1. Nachdem die gesamte Familie mit ihren Bibeln am Tisch Platz genommen hat, beginnen Sie mit einem Gebet und bitten Gott, daß er Ihnen hilft, sein Wort zu verstehen.
2. Bitten Sie die Kinder, abwechselnd Prediger 4, 7-12 vorzulesen. Erläutern Sie Hintergrund und Zusammenhang dieses Kapitels. Stellen Sie dann zum Beispiel folgende Fragen:
   – Salomo beschreibt, was im Leben eines Menschen bedeutungslos, „eitel" ist. Was bezeichnet er in den Versen 7 und 8 als bedeutungslos? (Streben nach Reichtum, besonders, wenn man allein ist, keine Angehörigen hat; weisen Sie Ihre Kinder unbedingt darauf hin, wieviel Reichtum Salomo besaß.)
   – Am Anfang von Vers 9 steht, daß es zu zweit besser sei als allein. Warum? (Zu zweit kann man effektiver arbeiten; der eine kann dem anderen helfen, wenn einer fällt; sie können sich gegenseitig wärmen, verteidigen, und eine dreifache Schnur ist besonders stark.)
   – Wenn Salomo davon spricht, daß einer fallen kann, meint er das nur im wörtlichen Sinn? (Nein, jeder, der Hilfe braucht, hält nach jemandem Ausschau, der ihm „aufhilft". Nennen Sie dazu ein Beispiel, das sich auf die Situation Ihrer Kinder bezieht.)
   – Was bedeutet „sich wärmen" (V.11)? Was will Salomo damit zum Ausdruck bringen? (Daß wir einander helfen, für unsere *äußeren* Bedürfnisse zu sorgen: Unterkunft, Nahrung, Kleidung.)
   – Bezieht sich „den anderen verteidigen"(V.12) nur auf körperliche Auseinandersetzungen? (Nein, auch verletzende Worte können uns völlig überwältigen, wenn wir keinen treuen Freund haben, mit dessen Hilfe wir stets rechnen können.)
   – Im letzten Teil von Vers 12 wird eine *dreifache* Schnur erwähnt, während in Vers 9 von zwei Freunden die Rede ist. Wer könnte diese dritte Person sein? (ein anderer Freund – oder *Gott).*
3. Erklären Sie, daß Sie jetzt Salomos Aussage über die dreifache Schnur demonstrieren wollen. Geben Sie jedem einen 30 cm langen Faden, und fordern Sie Ihre Familie auf, diesen Faden zu zerreißen. Dann teilen Sie für jeden drei dieser Fäden aus, und helfen dabei, diese mit Klebeband auf dem Tisch zu befestigen. Verflechten Sie die drei Fäden miteinander. (Zeigen Sie kleineren Kindern, wie geflochten wird und helfen Sie ihnen, wenn nötig. Das ist gleichzeitig eine ausgezeichnete Übung zur Entwicklung der Feinmotorik und der Koordination von

Auge und Hand.) Binden Sie zum Schluß die Enden mit einem Knoten zusammen, und verknoten Sie anschließend auch die anfangs mit Klebeband zusammengehaltenen Enden. Ihre Familie soll nun versuchen, *diese* dreifache Schnur zu zerreißen!

4. Erklären Sie Ihren Kindern folgendes: Wenn nun wieder ein neues Schuljahr für euch beginnt, wird es Zeiten geben, in denen Ihr euch einsam fühlt, wo ihr in dieser oder jenen Weise „fallen" und Hilfe brauchen werdet, wenn jemand euch mit Worten verletzt. Ich (oder wir als Eltern) möchten, daß ihr wißt, daß wir immer für euch da sind. Ich werde da sein, um euch aufzuheben, für das zu sorgen, was ihr braucht; ich werde euch ermutigen und unterstützen. Aber was am wichtigsten ist, Gott wird *immer* bei euch sein, auch dort, wo ich nicht sein kann. Ihr, Gott und ich bilden diese dreifache Schnur, die sehr stark ist und nicht so schnell zerrissen werden kann. Ich habe euch lieb. Gott hat euch lieb!
5. Teilen Sie Karteikarten und Stifte aus, auf die jeder seinen Namen schreibt. Falten Sie diese in der Mitte, und ziehen Sie dann jeder einen Namen, nachdem Sie die Karten in einer Schüssel, einem Hut o.ä. eingesammelt haben.
6. Geben Sie bekannt, daß derjenige, dessen Namen die einzelnen gezogen haben, nun jeweils ihr „geheimer Partner" ist. Verraten Sie einander nicht, welchen Namen Sie gezogen haben. Sie sind nun in besonderer Weise verpflichtet, für dieses Familienmitglied zu beten und es zu unterstützen. Sie können für Ihren „geheimen Partner" auch kleine Überraschungen bereithalten, wie zum Beispiel Süßigkeiten, eine Eintrittskarte, ein Buch usw. (Wir behalten unsere Partner jeweils drei Monate und ziehen dann neue Namen.)
7. Fragen Sie nach Gebetsanliegen für das neue Schuljahr – zum Beispiel, daß man sich an neue Lehrer gewöhnen muß, daß man sich an einer neuen Schule einsam fühlt, daß man neue Freunde findet usw. Beten Sie gemeinsam für diese Anliegen.

Vorschläge

Jedes neue Schuljahr bringt Ungewißheit und Ängste mit sich, die sich wie ein Abgrund vor meinen Söhnen auftun. Wie sehr wünschte ich, sie vor allem Leid, das bestimmt kommen wird, beschützen und bewahren zu können. Und doch weiß ich, daß wir als Eltern unsere Kinder weder vor allem Leiden bewahren können noch sollen. Gott benutzt auch gerade solche Erfahrungen, damit sie zu solchen Menschen werden, wie er sie haben will.

Trotzdem möchte ich sie in besonderer Weise zu Beginn eines neuen Schuljahrs (und auch weiterhin) daran erinnern, daß Craig und ich für sie beten, sie unterstützen und ermutigen wollen. Und am wichtigsten ist, daß sie wissen: Gott ist *immer* bei ihnen und liebt sie.

Ja, wir beginnen jedes neue Schuljahr mit neuen Heften, die noch keine Eselsohren haben, Bleistiften mit vollständigen Radiergummis, Turnschuhen ohne Löcher ..., aber wir finden es genauso wichtig, unsere Kinder zu Beginn eines Schuljahres wieder neu daran zu erinnern, daß Gott sie liebt, wie auch wir sie lieben, ermutigen und unterstützen wollen.

Ein neues Schuljahr: „Einen Schnurrbart wachsen lassen“

Material

- ein Buch über Hunde oder Katzen, das u. a. den Zweck und die Bedeutung der Schnurrhaare erläutert
- Würfel
- Notizblock
- Bleistifte oder Kugelschreiber
- einen Becher (bei uns durfte jeder seinen Lieblingsbecher wählen) und einen Löffel (gleicher Größe) für jedes Familienmitglied
- Schüssel
- Bibeln
- Meßbecher
- Karteikarten
- Tesafilm
- Filzstifte

Text: Kolosser 3, 12-14 und Epheser 4, 2-3

Vorbereitung

Basteln Sie eine Tischkarte und schreiben Sie auf beide Seiten „Einen Schnurrbart wachsen lassen“.

Studieren Sie den Hintergrund und Zusammenhang der angegebenen Abschnitte im Epheser- und Kolosserbrief.

Legen Sie Notizblock, Stifte, Würfel, Becher, Löffel und Meßbecher bereit.

Denken Sie darüber nach, auf welchen Gebieten Ihre Kinder in diesem Schuljahr besondere Unterstützung brauchen werden. Gehen Sie zum Beispiel jedes Fach durch (auch die Mittagspause und die Freizeit) oder bei älteren Kindern jeden Kurs oder jeden Lehrer.

Studieren Sie folgende Spielregeln, die Sie später vorlesen werden:

- Jeder erhält einen Becher und einen Löffel. Messen Sie *(genau!)* einen halben Meßbecher Wasser in jeden Becher, und stellen Sie in die Tischmitte eine leere Schüssel.
- Würfeln Sie darum, wer beginnt, und fahren Sie im Uhrzeigersinn fort.
- Wer an der Reihe ist, gebraucht seinen „Spürsinn“ oder seinen

„Schnurrbart" und gibt ein Gebiet an, wo ____________ oder ____________ (setzen Sie die Namen der Kinder ein) Sorgen oder Probleme hat, und wo er ihm/ihr helfen möchte.

- Anschließend symbolisieren Sie diese Hilfe, indem Sie *vorsichtig einen Teelöffel* Wasser aus Ihrem Becher in die Schüssel geben, wobei weder Becher noch Schüssel verrückt werden dürfen.
- Wer etwas verschüttet, und sei es auch nur einen Tropfen, muß einen Teelöffel Wasser (aus der Leitung) zurück in seinen Becher gießen.
- Nennen Sie solange Sorgen und Probleme, bis jemand seinen Becher geleert hat. Derjenige wird mit dem „Besten Schnurrbart" ausgezeichnet.

Studieren Sie in einem Tierbuch die Rolle und Funktion der Schnurrhaare bei Tieren (zum Beispiel sind die Schnurrhaare bei Hunden empfindsame Fühler).

Durchführung

1. Während des Abendessens können Sie das Interesse Ihrer Familie mit folgenden Fragen auf die geplante Andacht lenken: Worum könnte es in unserer heutigen Andacht gehen? Was meint ihr, über welche Art Schnurrbart wir sprechen wollen? Wer soll sich wohl in unserer Familie einen Schnurrbart wachsen lassen?
2. Nachdem sich später jeder eine Bibel geholt hat, beginnen Sie Ihre Andacht mit einem Gebet.
3. Ein Teil der Familie schlägt Epheser 4, 2-3 und die anderen Kolosser 3, 12-14 auf. Nachdem der Text laut vorgelesen wurde, können Sie zum Beispiel folgende Fragen stellen: Welche Worte kommen in beiden Abschnitten vor? (Demut, Sanftmut, Geduld, ertragt einer den anderen, Einigkeit, Liebe.) Was, meint ihr, bedeutet „einander zu ertragen", bzw. „den anderen in Liebe zu tragen"? (Hellhörig zu sein für die Sorgen und Nöte des anderen und ihm in diesen Problemen zu helfen.) Wie können wir „hellhörig", empfindsam werden gegenüber den Sorgen und Nöten des anderen? (Wir müssen ständig darauf achten, wo unsere Allernächsten Probleme haben könnten – und sie auch danach fragen.) Können wir das auch in unserer Familie praktizieren? Wie kann das ganz speziell aussehen? (Ein Beispiel könnte ein zurückhaltendes Kind sein, das sich von seinen Klassenkameraden eingeschüchtert fühlt; die Familie kann dem Kind helfen, diese Last zu tragen, indem sie das Kind ermutigt, ihm zuhört und für dieses Problem betet.)

4. Erklären Sie Ihrer Familie, daß Sie die heutige Andacht dazu nutzen möchten, empfindsamer gegenüber den Sorgen und Nöten der anderen Familienmitglieder zu werden. Falls Sie eine Katze oder einen Hund haben, können Sie an dieser Stelle auf seine Schnurrhaare eingehen und erläutern, wie die Tiere damit Kontakt zu ihrer Umwelt aufnehmen, wie sich Hunde damit speziell auch in der Dunkelheit zurechtfinden. Erläutern Sie, wie sie in gleicher Weise sensibel werden müssen für ihre Umwelt, empfindsam gegenüber dem, was ihren Mitmenschen Kummer bereitet, angefangen im engsten Kreis der eigenen Familie. (Benutzen Sie nötigenfalls weitere Beispiele, die diesen Grundgedanken verdeutlichen.)
5. Fertigen Sie eine Liste von den Fächern oder Lehrern eines jeden Ihrer Kinder an, und bitten Sie jedes Kind, spezielle Anliegen, Bedürfnisse oder Probleme zu nennen, die damit in Zusammenhang stehen (oder zu *erwarten* sind). (Eltern sind hier aufgefordert, gegebenenfalls Beispiele zu nennen, um den Kindern die Aufgabe zu erleichtern.) Geben Sie nun bekannt, daß ein Spiel jedem helfen soll, diese Empfindsamkeit zu entwickeln, sich einen „Schnurrbart wachsen zu lassen". Stellen Sie den Würfel, die Becher, die Löffel, den Meßbecher, die Schüssel bereit, und lesen Sie die Regeln vor. Geben Sie die Möglichkeit, Rückfragen zu stellen. Stellen Sie noch einmal heraus, daß jeder, der an der Reihe ist, erzählen soll, wie er *persönlich* seine „Schnurrhaare gebrauchen", also der betreffenden Person bei einem der Pobleme helfen möchte, die sie zuvor anhand ihrer Liste zusammengestellt haben. Wenn zum Beispiel ein Kind Biologie als das Fach aufgeführt hat, das ihm die meisten Schwierigkeiten bereitet, könnte eines der älteren Geschwister sagen: „Biologie ist mir immer sehr leicht gefallen. Ich möchte meinem Bruder/meiner Schwester bei den Hausaufgaben in Biologie helfen." Derjenige würde dann einen Teelöffel voll Wasser aus seinem Becher in die Schüssel „befördern".
7. Nachdem das Spiel zu Ende ist, schließen Sie mit Gebet ab, indem Sie laut füreinander und die jeweiligen Anliegen beten. (Sie können vorher absprechen, wer für wen beten möchte.)

Vorschläge

Obwohl diese Andacht in manchen Dingen speziell für größere Kinder zugeschnitten ist, können Sie das Grundanliegen kleineren Kindern ebenso deutlich machen. Auch ein Siebenjähriger versteht, daß er für seinen Bruder oder seine Schwester, die in der Schule mit bestimmten Problemen zu kämpfen hat, beten soll. Natürlich können Sie auch die Wassermenge (nach oben oder nach unten) Ihren eigenen Bedürfnissen und dem Alter Ihrer Kinder entsprechend anpassen. Kleinere Kinder haben bestimmt auch viel Spaß daran, wenn man jedem einen Schnurrbart malt!

Selbstsucht: „Ich will-Syndrom“

Material

- Schokoladenriegel (oder ähnliche Süßigkeiten)
- Hundekuchen
- Knöpfe
- andere kleine Geschenke, die den einzelnen Familienmitgliedern Freude machen (für unsere vierköpfige Familie habe ich zum Beispiel zwölf kleine Geschenke vorbereitet)
- Geschenkpapier und -band
- Tesafilm
- einen Korb oder eine Schachtel für die kleinen Geschenke
- Würfel
- Bibel
- Filzstifte

Text: 1.Mose 30, 22-24

Vorbereitung

Bereiten Sie kleine Geschenke vor (Süßigkeiten, Hundekuchen, Knöpfe usw.) und verpacken Sie diese so, daß sich ihr Inhalt nicht sofort erkennen läßt. (Vielleicht sollten Sie den Hundekuchen und die Knöpfe am attraktivsten verpacken!)

Bereiten Sie eine Nacherzählung der Geschichte von Jakob und Esau vor. Vielleicht möchten Sie dazu folgende Fragen stellen: Wer war der Vater von Jakob und Esau? (Isaak) Was geschah, als Isaak Esau den Erstgeburtssegen geben wollte? (Rebekka half Jakob, seinen Vater zu betrügen.) Wie? (Rebekka erlauschte, wie Isaak Esau bat, ihm ein Essen aus Wildbret zu bereiten. Sie half Jakob, für den Vater ein schmackhaftes Essen zu bereiten und band ihm Ziegenfelle um Hände und Hals, damit er sich so wie Esau anfühlte.) Was tat Jakob, nachdem er den Erstgeburtssegen empfangen hatte? (Weil Esau so zornig war, floh er zu seinem Onkel Laban nach Haran.) Was geschah auf dem Weg nach Haran? (Jakob träumte von einer Leiter, die bis an den Himmel reichte.) Welche weiteren Abenteuer erlebte Jakob, nachdem er bei seinem Onkel Laban angekommen war? (Jakob arbeitete sieben Jahre bei seinem Onkel, um Rahel, seine jüngere Tochter, heiraten zu dürfen.) Wer wurde diesmal betrogen? (Jakob, denn Laban gab ihm zunächst seine ältere Tochter Lea zur Frau.) Könnt ihr die Kinder Jakobs aufzählen? (Ruben, Simeon, Levi, Juda, Dan, Naphtali, Gad, Asser, Issachar, Sebulon, (Tochter) Dina, Joseph, Benjamin)

Basteln Sie eine Tischkarte und schreiben Sie 1. Mose 30, 22-24 darauf.

Durchführung

1. Bringen Sie während des Abendessens das Gespräch auf Jakob und wiederholen Sie seine Geschichte bis zu 1. Mose 30. Stellen Sie je nach dem Alter Ihrer Kinder detaillierte Fragen. Lassen Sie die *Kinder* soviel wie möglich *selbst* erzählen.
2. Beginnen Sie später Ihre Andacht mit Gebet.
3. Erläutern Sie, daß Sie ein neues Spiel, „Ich will-Syndrom" genannt, spielen wollen. (Vielleicht müssen Sie hier erläutern, daß das Wort Syndrom ein Krankheitsbild beschreibt, und daß sie heute speziell krankhafte *Gewohnheiten* untersuchen wollen.) Nehmen Sie den Korb mit den Geschenken und den Würfel zur Hand. Zunächst darf sich jeder *ein* Geschenk aussuchen. Nachdem Sie darum gewürfelt haben, wer beginnen darf, geben Sie die folgenden Regeln bekannt:
   – 1 oder 3 – man darf ein Geschenk mit jemandem tauschen
   – 2 oder 4 – man darf sein Geschenk gegen ein anderes im Korb eintauschen
   – 6 – man darf ein neues Geschenk aus dem Korb nehmen
   – 5 – man darf eines seiner Geschenke öffnen.

   Sobald ein Geschenk geöffnet wurde, darf es nicht mehr eingetauscht werden. Spielen Sie solange, bis alle Geschenke geöffnet sind. (Ich habe mitgespielt, obwohl ich wußte, was die Päckchen enthielten. Achten Sie jedoch darauf, nicht zu offenkundig die Päckchen mit dem weniger erstrebenswerten Inhalt weiterzugeben!)
4. Fordern Sie jemanden auf, 1. Mose 30, 22-24 von der Tischkarte vorzulesen. Es empfiehlt sich, noch einmal auf den Hintergrund dieser Verse einzugehen, nämlich, daß sich Rahel schon lange verzweifelt ein Kind gewünscht hat, besonders nachdem Lea, Bilha und Silpa Jakob so viele Kinder geboren hatten. Weisen Sie darauf hin, daß dieser Abschnitt die Treue Gottes gegenüber Rahel – er hält sein Versprechen – und damit gegenüber dem Volk Israel zum Ausdruck bringen soll. Stellen Sie im weiteren Verlauf folgende Fragen, um den Text weiter zu erschließen:

– Welche Worte Rahels werden in diesen Versen wiedergegeben? („Gott hat meine Schmach von mir genommen" und „Der Herr wolle mir noch einen Sohn dazu geben!")
– Wißt ihr, was der Name Joseph bedeutet? (Joseph heißt: „Er möge hinzufügen".) Was scheint das über Rahel auszusagen? Kann sie sich wirklich über die Geburt Josephs freuen, oder blickt sie schon wieder weiter in die Zukunft? (Es scheint, als habe sie beinahe vergessen, wie Gott ihre Gebete erhört hat, weil sie sich *sofort noch ein* Geschenk wünscht.) Was bedeutet das im Hinblick auf die Geschenke, die wir von Gott erhalten? (Daß wir uns an dem, was wir haben, freuen und nicht ständig und sofort um *mehr* bitten sollen, wenn wir gerade Gutes empfangen haben.)

5. Nehmen Sie sich Zeit, über die Verhaltensweisen und Erwartungen zu sprechen, die bei dem „Ich will-Syndrom"-Spiel zutage getreten sind. Folgende Fragen können hilfreich sein:
   – Warst du jemals zufrieden mit dem, was du hattest? Oder hast du dich ständig bemüht, *mehr* und bessere Geschenke zu bekommen?
   – Tritt dieses Syndrom bei uns auch bei dem Segen auf, den Gott uns schenkt?
   – Können wir wirklich dankbar sein für das, was wir gerade empfangen haben, ohne immer gleich mehr haben zu wollen? Versuchen Sie unbedingt deutlich zu machen, daß wir uns die Freude an dem, *was wir jetzt haben,* nehmen, wenn wir ständig mehr haben wollen.
6. Schließen Sie mit Gebet ab, und bitten Sie Gott, Ihnen zu helfen, mit dem, was er ihnen jetzt schenkt, zufrieden und dafür dankbar zu sein.

Vorschläge

Als ich in meiner persönlichen stillen Zeit das 1. Buch Mose durcharbeitete, war ich über Rahels Worte zur Geburt ihres ersten Sohnes erstaunt. Nachdem sie sich so lange ein Kind gewünscht hat, hätte ich erwartet, daß sie mit übergroßer Freude und Dankbarkeit Gott gegenüber reagieren würde. Statt dessen scheint ihr Schwerpunkt völlig verlagert zu sein – anstatt für das, was sie gerade erhalten hat, zu danken, möchte sie mehr. Hat sie sich tatsächlich Zeit genommen, um sich über Josephs Geburt zu freuen? Und ich mußte *mich* ebenso fragen: nehme ich mir wirklich Zeit, mich über das zu freuen, was Gott mir schenkt; danke ich ihm dafür? Ist es möglich, daß ich durch mein Leben gehe, ohne mich wirklich an allem Guten, was ich habe, zu freuen, weil ich mich ständig darauf konzentriere, was ich *nicht habe?* Ich glaube, ja.

Ich hoffe, daß das „Ich will-Syndrom“ – Spiel diese Verhaltensweise bei Ihnen genauso deutlich zutage treten läßt, wie das bei uns der Fall war. Wir alle waren sehr schnell von dem „Geist des Habenwollens“ in Beschlag genommen. Ist es nicht erstaunlich, wie wunderbar uns stets ein *anderes* Geschenk erscheint – und wie verführerisch selbst ein Hundekuchen aussehen kann, wenn er hübsch verpackt ist?

Selbstsucht: „Der Mittelpunkt meiner Welt"

Material

- Prüfen Sie, ob es möglich ist, an einem Abend eine Turnhalle oder einen ähnlichen Raum zu benutzen.
- Klebeband
- Karton
- Goldpapier
- Tesafilm
- Schere
- große Büroklammern
- weißes Papier
- Bleistift
- Eiskremriegel – EINEN WENIGER als Personen zu Ihrer Familie gehören (oder ein anderes beliebtes Dessert, das sich leicht transportieren läßt)
- Bibeln

Text: Matthäus 20, 25-28; Johannes 12, 23-26, Philipper 2, 1-11

Vorbereitung

Nehmen Sie Klebeband und Schere mit in die Turnhalle. Der Grundgedanke besteht darin, daß Sie für jedes Familienmitglied einen Kreis markieren (ca. 60 cm im Durchmesser), der jeweils „sein/ihr Königreich" darstellt. Die Kreise müssen so angeordnet werden, daß man von dort aus die Eiskrem oder andere Süßigkeiten, die Sie in die Mitte legen, nicht erreichen kann. (Niemand darf seinen kleinen Kreis, der sein „Königreich" darstellt, verlassen.) Legen Sie also eine Stelle für die Süßigkeiten fest, und messen Sie von dort aus den Abstand der einzelnen Kreise. Vielleicht müssen Sie sich selbst auf den Fußboden legen, um die Abstände zu testen. Kleben Sie mittels Klebeband die Initialen der einzelnen Familienmitglieder in den betreffenden Kreis.

Wenn Sie Kinder im Alter zwischen acht und elf Jahren haben, können Sie Kronen basteln (kleinere Kinder werden das Anliegen noch nicht verstehen und ältere die Kronen vielleicht als kindisch betrachten). Machen Sie sich zunächst ein Muster aus Papier (die aufgezeichnete Krone muß jeweils auf den Kopf passen, bevor man sie zusammenklebt), und übertragen Sie dieses dann auf Karton, welchen Sie anschließend mit Goldpapier bekleben. Fügen Sie die Enden zusammen und sichern Sie diese mit Büroklammern.

Legen Sie Klebeband, Schere (falls in letzter Minute noch etwas repariert werden muß), die Kronen, für jeden eine Bibel und das Dessert bereit, halten Sie jedoch alles – und besonders das Dessert – noch geheim, damit es eine Überraschung wird. (Beachten Sie, daß Sie ein Dessert weniger brauchen, als Personen zu Ihrer Familie gehören, weil *Sie keins bekommen werden,* um an diesem Beispiel zu demonstrieren, wie Sie Ihrer Familie dienen wollen.)

Denken Sie darüber nach, in welcher Weise Ihre Kinder anderen dienen können, besonders innerhalb Ihrer Familie.

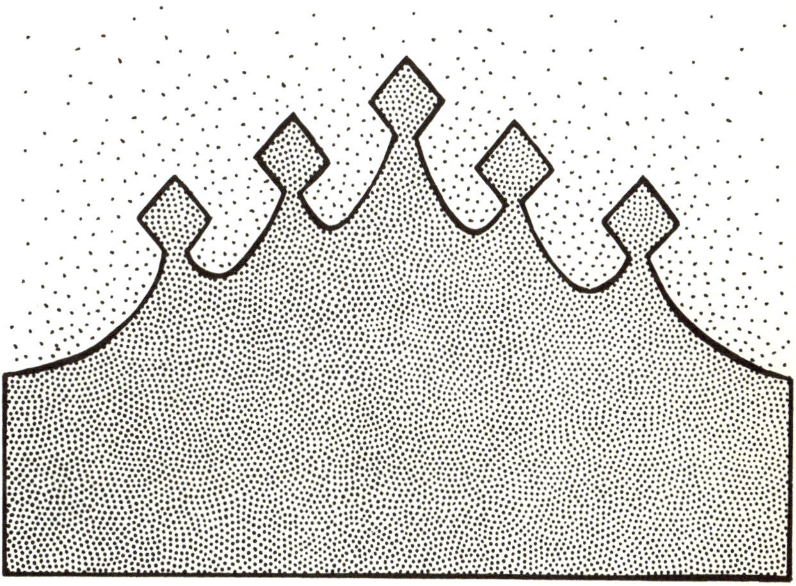

Durchführung

1. Beginnen Sie in der Turnhalle Ihre Andacht mit Gebet.
2. Führen Sie jedes Familienmitglied zu seinem Kreis und bitten Sie ihn/sie, dort Platz zu nehmen. Erklären Sie, daß sie nun alle Könige bzw. Königinnen sind, und das Gebiet innerhalb der jeweiligen Kreise ihr Reich ist!

3. Teilen Sie die Kronen aus, und genießen Sie es, König oder Königin zu sein. Fragen Sie zum Beispiel: Ist es nicht aufregend, ein König oder eine Königin zu sein? Jeder befindet sich jetzt im Mittelpunkt seiner Welt. Wie fühlt man sich, wenn man weiß, daß man als König oder als Königin tatsächlich im Mittelpunkt seines eigenen kleinen Reiches steht?
4. Sagen Sie dann plötzlich etwa folgendes: „Oh, jetzt hätte ich doch beinahe einen wichtigen Teil unserer heutigen Andacht vergessen!" Legen Sie nun das Dessert an die vorher markierte Stelle und erzählen Sie weiter: „Ich habe auch vergessen, euch folgendes zu sagen. Weil Ihr Könige und Königinnen seid und euch im Mittelpunkt eures Reiches befindet, dürfen eure Füße niemals diesen Kreis verlassen. Ihr müßt im Zentrum eurer eigenen Welt bleiben!" Dann kehren Sie wieder in Ihren eigenen Kreis zurück und setzen sich hin.
5. Sehen Sie einige Zeit lang zu, wie sich die einzelnen abmühen, das Dessert zu erreichen. Wenn Ihre Kinder so sind wie unsere, werden sie nichts unversucht lassen, um dennoch an dieses heiß ersehnte Dessert heranzukommen; unsere Jungs zogen ihre Hemden aus und verknoteten sie zu einem Lasso. Sagen Sie immer wieder: „Aber Ihr seid doch König oder Königin und befindet euch im Mittelpunkt eures Reiches!"
6. Stehen Sie nach einiger Zeit still auf, heben Sie das Dessert auf, und reichen Sie jedem seine Portion. Kehren Sie dann nicht wieder in „Ihr Königreich" zurück, sondern legen Sie nur Ihre Krone dort ab, und nehmen Sie *außerhalb* des kleinen Kreises Platz. Auf die Fragen und verwunderten Blicke Ihrer Familie antworten Sie folgendermaßen: „Ich habe mein Königreich – den Mittelpunkt meiner Welt – verlassen, um euch zu dienen. Weil ich das getan habe, kann ich nie mehr in mein Königreich, in den Mittelpunkt meiner Welt, zurückkehren und Königin sein. Ich habe das jedoch gern getan, weil ich euch auf diese Weise dienen möchte."
7. Während Ihre Familie das Dessert genießt, sprechen sie noch einmal über das vorangegangene Geschehen und stellen Sie Fragen wie: Benehmen wir uns nicht alle oft wie Könige oder Königinnen und setzen uns an die erste Stelle, als wären wir der Mittelpunkt der Welt? Wo neigen wir ganz besonders dazu, uns selbst an die erste Stelle zu rücken? Welche Worte beschreiben es, sich selbst in den Mittelpunkt zu rücken? (selbstsüchtig, egoistisch, egozentrisch, ichbezogen ...)
8. Geben Sie jedem eine Bibel und teilen Sie verschiedenen Familienmitgliedern jeweils die Abschnitte Matthäus 20, 25-28, Johannes 12,

23-26 und Philipper 2, 1-11 zu. Nachdem diese Verse laut vorgelesen wurden, stellen Sie folgende Fragen:

- Worin besteht das Gegenteil von im Mittelpunkt seiner Welt zu stehen? (im Dienen)
- Wer war der größte, der bedeutendste Diener? (Jesus Christus)
- Wie weit ging Jesus in seinem Dienst? (Er war gehorsam bis zum Tod, selbst bis zum Tod am Kreuz.)
- Wozu fordert Jesus *uns* auf? (ihm und einander zu dienen)

9. Setzen Sie sich nun in der Mitte des großen Kreises zusammen. Erklären Sie noch einmal, daß wir alle „unsere Kreise", unsere kleine Welt, in der wir König oder Königin sind, verlassen müssen, um anderen zu dienen. Jeder soll nun über die Frage nachdenken, wo er persönlich seinen Kreis verlassen und anderen dienen muß. Tauschen Sie sich anschließend darüber aus. (Kleinere Kinder brauchen möglicherweise Denkanstöße.)
10. Beten Sie füreinander und darum, daß sie solche Diener werden, wie Christus sie haben möchte.

Vorschläge

Jeder von uns Willifords liebt eine der vorgestellten Familienandachten besonders; für mich ist es diese. Die graphische Darstellung der Kreise, das Verlassen des Kreises wurden für uns alle zu einem wertvollen pädagogischen Werkzeug. Es war erstaunlich für mich, wie wunderbar ich mich als Königin im Mittelpunkt meiner eigenen kleinen Welt fühlte – und wie es *noch viel schöner* war, meiner Familie zu dienen. Dieser Anschauungsunterricht, meinen Kreis buchstäblich und konkret zu verlassen, hinterließ einen bleibenden Eindruck in mir.

Jeder wußte auch sofort Beispiele zu nennen, wo es für ihn galt, seinen Kreis zu verlassen, um anderen dienen zu können. Das spiegelte sich in den anschließenden Gebeten wider, die weit über ein oberflächliches „Herr, hilf Robb bei den Hausaufgaben und Vati bei seiner Arbeit" hinausreichten, und den Weg für Veränderungen bahnten, wo wir wirklich füreinander eintraten. Diese Erinnerungen sind es auch, die mich immer wieder ermutigen, mit unseren Andachten weiterzumachen – diese Woche, nächste Woche und noch viele weitere ...

Schluß mit dem Schimpfen: „Der Vertrag“

Material

- weißes Bastelpapier
- Bleistifte oder Kugelschreiber
- Siegellack und Siegel
- Streichhölzer
- Bibeln
- Karteikarten
- Tesafilm
- Filzstift

Text: Sprüche 19, 20

Vorbereitung

Denken Sie nach, worüber Sie in letzter Zeit viel geschimpft haben; diese Dinge müssen möglicherweise in der nächsten Andacht zur Sprache kommen und in den Familienvertrag aufgenommen werden! Fordern Sie auch Ihre Familie auf, über Dinge nachzudenken, die *sie* ärgern. Kinder können zum Beispiel bestimmte Strafen zu hart, die Schlafenszeit zu früh oder die Aufgabenverteilung unter den Geschwistern ungerecht finden.

Probieren Sie Siegellack und Siegel aus, und legen Sie diese für später bereit, um Ihren Familienvertrag offiziell zu besiegeln.

Basteln Sie eine Tischkarte, auf die Sie Sprüche 19,20 schreiben.

Durchführung

1. Beginnen Sie mit einem Gebet und bitten Sie Gott, jedem zu helfen, während der folgenden Gesprächsrunde offen und ehrlich und trotzdem liebevoll zu sein.
2. Eröffnen Sie das Gespräch mit der Feststellung, daß sie *alle gemeinsam* einen Familienvertrag erstellen wollen. Das bedeutet,
   a) daß dieses Abkommen von der gesamten Familie erarbeitet und bestätigt wird (wobei den Eltern jedoch das letzte Wort und Einspruchsrecht bei extremen Forderungen eingeräumt wird) und
   b) daß sich die Bestimmungen des Vertrags auf Aktivitäten aller Familienmitglieder und deren Konsequenzen für dieselben beziehen.
3. Fordern Sie Ihre Familie nun auf, Gebiete zu nennen, auf denen sich

ihrer Meinung nach etwas ändern muß. Die Kinder können beispielsweise über folgende Fragen nachdenken:
– Auf welchen Gebieten scheinen meine Eltern ständig zu schimpfen?
– Welche Strafen erscheinen mir zu hart und unangemessen?
– Welche Strafen finde ich ungerecht?
– Worüber ärgere ich mich bei meinen Eltern besonders, weil sie entweder etwas Bestimmtes tun – oder nicht tun?
– Was regt mich bei meinen Geschwistern besonders auf?
– Welche Strafen, Spitznamen oder ständige Ermahnungen („Hast du dir die Zähne geputzt?") finde ich nicht mehr altersgemäß für mich?

Die Eltern könnten sich folgende Fragen stellen:
– Worüber habe ich es satt, ständig schimpfen zu müssen?
– Welche erzieherischen Maßnahmen waren in letzter Zeit zu schwierig oder nur mit großer Mühe durchsetzbar?
– Was ärgert mich bei meinen Kindern besonders, weil sie etwas Bestimmtes tun bzw. nicht tun.
– Welche Dinge ärgern mich bei meiner Frau/meinem Mann?

Fragen, über die die gesamte Familie nachdenken sollte, sind zum Beispiel:
– Welche Bestrafung ist für jedes Kind passend und angemessen? Sollte die Bestrafung für jedes Kind anders aussehen? (Hier ergibt sich bestimmt ein weites Verhandlungsfeld!)
– Welche „Strafen" sind für Eltern angemessen? (Hier werden Sie sehr erfinderisch sein müssen!)
– Welche der gegenwärtig praktizierten erzieherischen Maßnahmen müssen in Kraft bleiben? Welche Möglichkeiten gibt es, darüber zu verhandeln, sie als akzeptabel anzunehmen, wenn sie von Kindern als ungerecht eingeschätzt werden?

4. Bereiten Sie einen weißen Bogen Papier vor mit der Überschrift „Familienvertrag der Familie ... " und führen Sie dort – für jedes Familienmitglied unterschiedliche – Vergehen und Strafen auf.
5. Bitten Sie jemanden, Sprüche 19,20 vorzulesen, und sprechen Sie darüber, ob die soeben geführte Diskussion für *alle* Familienmitglieder – die Eltern eingeschlossen – nutzbringend war. Unterstreichen Sie, daß Weisheit dadurch entsteht, wenn man auf Ermahnungen und Ratschläge *hört* und diese auch *annimmt.* Deshalb ist die bloße Beteiligung an dieser Diskussionsrunde noch nicht genug; es gilt, auch wirklich nach den im Familienvertrag festgelegten Bestimmungen zu handeln.

6. Fügen Sie am Schluß des Vertragstextes noch folgende oder eine ähnliche Wendung hinzu: Ich erkläre mich mit diesen Bestimmungen einverstanden und werde sie nach besten Kräften einhalten.
7. Versehen Sie nun den Vertrag mit einem Siegel, um ihn „offiziell" zu machen und auch noch ein bißchen Spaß zu haben.
8. Schließen Sie mit Gebet ab, und bitten Sie Gott um Hilfe, die Bestimmungen des Vertrages einhalten zu können.

Vorschläge

Nachdem ich in einer Radiosendung von dieser ausgezeichneten Idee gehört hatte, wußte ich, daß ein solcher Vertrag genau das war, was auch wir als Familie brauchten. Es gab bestimmte Gebiete, wo ich ständig schimpfte, aber ich wollte auf keinen Fall, daß meine Söhne ihre Mutter als immerzu schimpfend in Erinnerung behielten.

Nachdem ich zunächst nur gehofft hatte, mit dem Vertrag bestimmte Strafen auszuhandeln, wenn die Jungs nicht das taten, was ich wollte, erlebten wir zu meiner freudigen Überraschung eine ganz neue Möglichkeit der Kommunikation als Familie. Die Jungs brachten begründete Ansichten und Beschwerden zu Dingen vor, die mir in manchen Fällen nicht einmal bewußt waren. Ich glaube, es ist uns gelungen, „die Luft zu reinigen", Ärgernisse offen anzusprechen und auch in heiklen Fragen von allen akzeptierte Lösungen zu finden. Für letzteres ist ein solcher Vertrag gewiß eine einzigartige Chance.

Seien Sie als Eltern jedoch auf der Hut und sich dessen bewußt, daß diese Andacht nicht dazu gedacht ist, daß Eltern „Gesetze festlegen". Den Kindern muß deutlich werden, daß ihre Ansichten als wichtig erachtet und berücksichtigt werden, wenn auch die Eltern die letzte Entscheidung treffen. Achten Sie ebenso darauf, daß dieser Abend nicht nur zu einer bloßen „Schimpf- und Beschwerdestunde" ausartet. Sie sprechen über das, was sie ärgert, mit dem Ziel, *Lösungen* für diese Probleme zu finden. Bringen Sie alle Beschwerden in Liebe zur Sprache – und manchmal auch mit etwas Humor!

Eines der „Vergehen", die ich ansprechen wollte, war der „Abfall", der ständig im Speisezimmer liegenblieb: schmutzige Tassen, klebrige Schüsseln, leere Popcorntüten usw. Die „Strafen" für dieses „Vergehen" fielen für jedes Familienmitglied unterschiedlich aus. Daran wird deutlich, wieviel Spaß wir bei der Erarbeitung unseres Vertrages hatten. Für Robb haben liegengelassene Abfälle zur Folge, daß er zweimal hintereinander abends abwaschen muß. Jay muß im Speisezimmer fegen oder staubwischen, und Mutti (ja, manchmal mache ich mich auch dieses Vergehens schuldig) eine schöne Nachspeise zubereiten, während Vati – und das ist die beste „Strafe“ – Muttis Rücken massieren muß!

Sind das nicht gerechte und angemessene „Strafen“?

Motivationen: „Gott kennt unser Herz“

Material

- „Zauberstifte“ (mit denen man „geheime Botschaften“ aufschreiben und entschlüsseln kann); man kann auch einen farblosen Wachsstift und rote Buntstifte verwenden
- Notizpapier
- Bleistifte oder Kugelschreiber, Filzstifte
- Lineal
- schmutzige, zerrissene Stoffetzen (für jeden einen)
- Bibeln
- Karteikarten
- Tesafilm

Text: Jesaja 57,12; 64,5; 2. Korinther 5,16-21; Lukas 16,13-15

Vorbereitung

Probieren Sie die „Zauberstifte“, bzw. die Wachs- und Buntstifte aus, um sicher zu sein, daß sie „funktionieren“. Zeichnen Sie damit ein Herz; es sollte unsichtbar oder zumindest fast unsichtbar sein. Benutzen Sie nun den entsprechenden „Zauberstift“ oder die roten Buntstifte, um das Herz sichtbar zu machen.

Bereiten Sie für jedes Familienmitglied ein Blatt Papier vor, auf dem Sie in der Mitte eine Linie ziehen; die linke Spalte überschreiben Sie mit: „Alle schlechten Dinge, die ich tue.“ Zeichnen Sie in die Mitte jedes Blattes mit dem „Geheim“- oder Wachsstift ein kleines Herz.

Studieren Sie die genannten Bibelstellen im Hinblick auf das Thema „Sünde“ und „gute Werke“.

Legen Sie die Stifte, Papier sowie die Stoffetzen für später bereit.

Basteln Sie eine Tischkarte und schreiben Sie „Motivationen – Gott kennt unser Herz“ darauf.

Durchführung

1. Fragen Sie Ihre Kinder während des Abendessens, was das Wort *Motivation* bedeutet. Definieren Sie es schließlich als „die *Gründe, weshalb*

wir etwas tun". Weisen Sie auch darauf hin, daß unsere Motivationen manchmal klar auf der Hand liegen und ein anderes Mal sehr schwer festzustellen sein können.

2. Beginnen Sie später, nachdem sich jeder eine Bibel geholt hat, die Andacht mit Gebet.
3. Teilen Sie die Blätter und Stifte aus und bitten Sie zunächst jeden, „alle guten Dinge, die er tut" aufzuschreiben. (Vielleicht helfen Sie den Kindern mit einem Beispiel wie, den Hund ausführen, dem Bruder bei den Hausaufgaben helfen, oder ähnliches.)
4. Als nächstes soll jeder die Spalte „Alle schlechten Dinge, die ich tue" ausfüllen. (Lassen Sie für jede Spalte ca. fünf Minuten Zeit, damit jeder mindestens jeweils fünf Beispiele aufschreiben kann.)
5. Fragen Sie dann: Was, meint Ihr, sind alle diese guten Taten wert? Viel Geld? Nachdem Sie eine Zeitlang darüber diskutiert haben, sagen Sie in etwa: Ich fürchte, sie sind nicht viel wert. Und hier ist das, was die Bibel sagt, was sie wert sind! Geben Sie jedem einen befleckten Stoffetzen.
6. Bitten Sie jemanden, Jesaja 57, 12 und 64,5 aufzuschlagen. Nachdem die Verse laut vorgelesen wurden, stellen Sie folgende Fragen: Was sagen diese Worte zu unserer Gerechtigkeit und unseren guten Werken? (Sie werden uns nichts nützen und sind wie ein beflecktes Kleid.) Jeder soll deshalb ein großes X über die Liste seiner guten Werke malen.
7. Stellen Sie als nächstes folgende Fragen: Was ist mit unseren Sünden? Wird Gott sie aufrechnen und gegen uns ins Feld führen? Mit anderen Worten: wird Gott unsere Sünden auflisten wie zum Beispiel schlechte Noten? Nachdem Sie sich darüber ausgetauscht haben, bitten Sie jemanden, 2. Korinther 5, 16-21 aufzuschlagen und vorzulesen. Beantworten Sie nun die Fragen noch einmal. Rechnet Gott uns unsere Sünden zu? (Nein, denn Gott hat uns mit sich versöhnt – durch das Versöhnungswerk Christi haben wir wieder Zugang zu Gott.) Was sagt dieser Abschnitt darüber, was Gott mit unserer Sünde getan hat? (Er, der keine Sünde hatte, wurde *für uns* zur Sünde.) Nun soll jeder auch die Liste seiner schlechten Taten mit einem großen X durchstreichen.
8. Alle schlagen Lukas 16, 13-15 auf. Fassen Sie noch einmal zusammen, was Sie bisher gelernt haben: Unsere eigene Gerechtigkeit (aus guten Werken) ist wie ein beflecktes Kleid. Jesus hat unsere Sünde auf sich genommen und ein für allemal damit abgerechnet. Dadurch sind wir mit Gott versöhnt und können zu ihm kommen, obwohl wir Sünder

sind. Deshalb haben wir sowohl unsere guten als auch unsere schlechten Taten durchgestrichen. Was bleibt nun noch übrig? Was wird uns in Lukas 16 gesagt? (Gott kennt unsere Motivationen, unsere Beweggründe, denn er kennt unser Herz.) Können wir Menschen über unsere Motive täuschen? (Ja, sie können nicht in unser Herz sehen; Menschen können Dinge gut erscheinen, die in Gottes Augen verwerflich sind.)

9. Teilen Sie für jeden einen „Zauberstift" oder roten „Buntstift" aus, und fragen Sie dann:
   - Was ist dann, bei allem was wir tun, das Wichtigste? (Unsere Motivation; weshalb wir etwas tun.)
   - Sollten wir trotzdem noch versuchen, gute Werke zu tun? (Ja, natürlich! Aber wir sollten uns prüfen, weshalb wir sie tun. Wir können weder unser Heil noch Gottes Liebe damit verdienen – Gott hat uns bereits *alle* seine Liebe mit dem Heil in Jesus Christus geschenkt.)
   - Warum sollten wir dann gute Werke tun? (Weil wir Gott lieben und ihm Ehre machen wollen.)
   - Brauchen wir uns nun, da uns unsere Sünden nicht zugerechnet werden, keine Gedanken mehr darum zu machen? (Doch, wir sollen uns ständig darum bemühen, Christus ähnlicher zu werden.)
   - Was sollten wir tun, wenn wir gesündigt haben? (Wir müssen Gott um Vergebung bitten und unser Verhalten ändern.)
   - So müssen wir in allem, was wir tun, unser Herz, unsere Beweggründe, prüfen. Wie kann das konkret aussehen? (Indem wir Gottes Wort lesen, beten, und andere Christen um Rat und Hilfe bitten.)
10. Schließen Sie mit einem gemeinsamen Gebet ab. Bitten Sie Gott, daß er jedem einzelnen hilft, sein Herz, seine Motive zu prüfen, um mit dem, was er tut, Gott die Ehre zu geben.

Vorschläge

Als wir in einer Schachtel Cornflakes die „Zauberstifte" fanden, wußte ich sofort, daß dies eine Anregung für eine neue Familienandacht war. Ich mußte nur noch herausfinden, welche!

Als ich darüber nachdachte, wie mit dem einen Stift offenbar wurde, was vorher geheim und verborgen war, stieß ich auf unsere Motivation, auf die Gründe, die uns dazu bewegen, Gutes zu tun und Schlechtes zu lassen. Das fiel mir vielleicht in besonderer Weise auf, weil ich jahrelang versucht hatte, Gott zu gefallen, um mehr von seiner Liebe zu bekommen. Mir war damals nicht bewußt, daß Gott mich bereits vollkommen, d. h. mit all seiner Liebe liebte. Umgekehrt war es mir ebenso schwergefallen, Gottes bedingungslose, fortwährende Liebe anzunehmen, wenn ich gesündigt hatte. In dieser Andacht wurden alle diese Zusammenhänge angesprochen, und hoffentlich deutlich und wahrheitsgetreu beleuchtet.

Beachten Sie bitte, daß kleinere Kinder diesen abstrakteren Vorstellungen noch nicht folgen können. Sollten also diejenigen von Ihnen, deren Kinder noch kleiner sind, irgendwo solche „Zauberstifte" entdecken, dann packen Sie diese getrost noch einige Zeit weg, um sie später für einen bestimmten Zweck hervorzuholen!

Ein Selbstporträt: „Interview"

Material

- je nachdem, ob Sie das Interview mit der Hand, der Schreibmaschine oder dem Computer schreiben wollen, das entsprechende Zubehör
- Schreibpapier
- Bleistifte oder Kugelschreiber
- Bibel
- Karteikarten
- Tesafilm
- Filzstifte

Text: Psalm 139, 13-16

Vorbereitung

Stellen Sie ein paar Tage vor der Andacht einen Fragebogen für das Interview zusammen und machen Sie davon für jedes Familienmitglied eine Kopie. Unser Fragebogen sah zum Beispiel so aus:

INTERVIEWER: ______________________
INTERVIEWTER: ______________________
Lieblings-:
- Farbe – warum?
- Sportart – warum?
- Jahreszeit – warum?
- Hunderasse – warum?
- Zimmer in unserem Haus – warum?
- Spiel – warum?
- Persönlichkeit (berühmte) – warum?
- Ort auf der Welt – warum?
- Buch (außer der Bibel) – warum?
- Bibelstelle – warum?

Fragen:
- Was lernst du im Augenblick Neues über Gott?
  (Lassen Sie auf den Fragebögen zwischen den Fragen genügend Platz für die Antworten.)
- Wenn es dir freistünde, alles zu tun, was du möchtest, was würdest du tun und warum?

– Wenn du überall in der Welt hinfahren könntest, wohin du möchtest, wohin würdest du fahren und warum?
– Du bist gerade für einen Tag in eine andere Person deiner Wahl verwandelt worden. Wer ist es und warum hast du gerade diese Person gewählt?
– Wovon träume ich, es in Zukunft einmal tun zu können?

Schneiden Sie die Fragen für das Interview unbedingt auf die persönlichen Neigungen und Interessen Ihrer Familie zu.

Basteln Sie eine Tischkarte, und schreiben Sie Psalm 139, 13-16 darauf.

Durchführung

1. Teilen Sie einige Tage vor der Andacht Karteikarten aus, auf die jedes Familienmitglied seinen Namen schreibt. Jeder zieht einen Namen und muß dieses Familienmitglied rechtzeitig vor der Familienandacht interviewen. Dazu teilen Sie die Fragebögen aus.
2. Sprechen Sie während des Abendessens (an dem Tag, an dem Sie die Andacht durchführen) über den Psalmabschnitt, den Sie auf die Tischkarte geschrieben haben. Betonen Sie unbedingt, wie jeder von Gott als besonderes und einzigartiges Wesen geschaffen wurde. Folgende Fragen bieten sich an:
   – Wann hat Gott bestimmt, wer und was ich sein werde? (Bevor ich geboren wurde.)
   – Macht Gott jemals einen Fehler, wenn er ein Baby im Leib seiner Mutter bereitet? (Nein!)
   – Was sagt uns das über Gottes Liebe zu uns? (Er liebt jeden von uns sehr – so wie wir sind –, denn er hat uns so geschaffen.)
3. Beginnen Sie später die Andacht mit Gebet, und danken Sie Gott, daß er jeden von Ihnen einzigartig und wunderbar geschaffen hat.
4. Nun nimmt jeder seinen ausgefüllten Fragebogen zur Hand, und die Antworten werden vorgelesen. Man läßt entweder alle Antworten vorlesen oder jeweils zu einer Frage der Reihe nach die Antworten aller. Dabei können auch weitere Fragen gestellt werden, zum Beispiel wenn jemand eine ungewöhnliche Antwort gegeben hat oder noch mehr zu einem bestimmten Thema sagen möchte.
5. Nehmen Sie sich Zeit, um auf Gemeinsamkeiten und Unterschiede in den Antworten der einzelnen Familienmitglieder einzugehen. Unterstreichen Sie, daß jeder seine speziellen Interessen, Ansichten und

Fähigkeiten in die Familie einbringt, die so wiederum zu einer besonderen und einzigartigen Einheit wird.

6. Schließen Sie mit Gebet und fordern Sie jeden auf, für die einzigartige Persönlichkeit zu beten, die er interviewt hat.

Vorschläge

Mit dieser Andacht können gleichzeitig verschiedene wichtige Ziele erreicht werden. Wir haben uns dabei nicht nur besser kennen- und die Einzigartigkeit eines jeden einzelnen schätzengelernt, sondern zugleich einem anderen ein Gefühl der Freude und Wertschätzung vermittelt, indem wir ihn interviewt haben – und uns obendrein auch selbst gefreut, als wir interviewt wurden. Diese Andacht macht es uns sehr leicht, einander zu ermutigen und aufzubauen, und das ist bestimmt in jeder Familie nötig.

Mit Kritik umgehen lernen: „Werbematerial sichten“

Material

- Sammeln Sie einige Wochen lang ungeöffnet das Werbematerial aus Ihrem Briefkasten. (Ich habe etwa zwei Monate lang gesammelt, weil ich einen großen Berg davon haben wollte!)
- Briefpapier
- Briefmarken
- Abfallbeutel
- Bibeln
- Karteikarten
- Tesafilm
- Filzstifte

Text: Johannes 15, 18-21

Vorbereitung

Wenn Sie genug Werbematerial gesammelt haben, sortieren Sie es der Größe nach zu kleinen Stapeln. Dann stellen Sie für jedes Familienmitglied (Sie selbst eingeschlossen) ein „Sortiment“ zusammen, indem Sie das zuvor sortierte Material gleichmäßig verteilen.

Verwenden Sie Briefpapier, um an jedes Familienmitglied einen persönlichen Gruß zu schreiben, indem Sie jeweils besonders auf die herausragenden Charaktereigenschaften des Empfängers eingehen. Betonen Sie, daß Sie ihn/sie lieben und immer lieben werden. Weisen Sie schließlich darauf hin, daß Ihre Liebe jedoch nie völlig bedingungslos sein wird, weil die Sünde ihren Einfluß auf uns alle ausübt. *Gottes Liebe* zu uns ist jedoch vollkommen bedingungslos und perfekt. Er liebt uns immer, ohne daß wir irgendwelche Bedingungen zu erfüllen brauchen – gerade so, wie wir sind. Stecken Sie jeden dieser Grüße in einen getrennten Umschlag, und adressieren Sie die Briefe.

Wenn Sie sicher sind, daß niemand vor Ihnen den Briefkasten leert, können Sie die Briefe zur Post geben. Gehen Sie jedoch kein Risiko ein. Die Briefe müssen bis zur Andacht eine Überraschung für die Empfänger bleiben!

Bitten Sie Ihren Ehepartner, *Ihnen* einen persönlichen Gruß zu schreiben (unter Berücksichtigung der oben aufgeführten Richtlinien). Erklären Sie nicht warum, sondern nur, daß dieser Brief für die Familienandacht gebraucht wird. (Wenn Sie alleinerziehend sind, können Sie vielleicht Ihre Eltern oder gute Freunde bitten, diesen Brief zu schreiben.)

Stecken Sie die persönlichen Briefe ziemlich weit unten in den Poststapel, und kennzeichnen Sie jeden Stapel mit dem Namen des Empfängers (auf diese Weise wird es auch keine Verwechslungen bei den persönlichen Briefen geben). Am besten bewahrt man jeden Stapel in einem Beutel auf; so bleibt die Post unentdeckt und geordnet bis zur Andacht.

Basteln Sie eine Tischkarte und schreiben Sie auf jede Seite „Kritik" und die folgenden Fragen: „Welche Gefühle weckt Kritik bei dir?" „Was machst/sagst du, wenn du kritisiert wirst?" „Kritisierst *du* andere auch?" Denken Sie darüber nach, wann Sie in besonderer Weise Kritik ausgesetzt waren, um Ihrer Familie davon zu erzählen. Finden Sie möglichst Beispiele, wo Sie als Christ kritisiert wurden. (Vielleicht hat Ihr Chef Sie kritisiert, weil Sie Kunden gegenüber zu ehrlich waren und dadurch weniger verkauft haben. Oder Sie fühlen sich als Hausfrau und Mutter von den Massenmedien kritisiert, weil Sie keiner Tätigkeit außerhalb des Hauses nachgehen.) Überlegen Sie, wie Sie die Fragen auf der Tischkarte beantworten, und welche Antworten die Kinder geben könnten.

Studieren Sie Johannes 15, 18-21 und was dieser Abschnitt darüber aussagt, weshalb Christen in der Welt abgelehnt werden.

Durchführung

1. Lesen Sie während des Abendessens die Fragen auf der Tischkarte. (Vielleicht müssen Sie zuvor noch einmal genau erläutern, was *Kritik* bedeutet.) Erzählen Sie von Ihren persönlichen Erfahrungen mit Kritik, Ihren Gefühlen, und wie Sie mit Wort und Tat darauf reagiert haben. Wenn Sie offen und ehrlich über solche Erfahrungen berichten, wird es auch den Kindern leichter fallen, sich mitzuteilen. Folgende Fragen können Sie stellen:
   - Mit welchem Gefühl reagierst du unmittelbar auf Kritik? (Vermutlich ist man verärgert oder verletzt.)
   - Warum schlagen wir oft zurück, wenn wir kritisiert werden? (Das ist eine Art Verteidigungsmaßnahme, um die Kritik *weg von mir* auf eine andere Person zu lenken.)
   - Aus welchen Gründen kritisieren wir andere? (Manchmal, um ihnen zu helfen, meistens jedoch, um andere zu verletzen und uns dabei in ein besseres Licht zu rücken.)

2. Nachdem das Abendessen beendet ist, holt sich jeder eine Bibel. Eröffnen Sie die Andacht mit einem Gebet.
3. Überreichen Sie jedem Familienmitglied seinen Poststapel und legen Sie Abfallbeutel bereit. (Sie werden erstaunt sein, wie schnell sich diese Poststapel in Abfallhaufen verwandeln.) Amüsieren Sie sich gemeinsam beim Öffnen des verschiedenartigsten Werbematerials.
4. Nachdem jeder seinen persönlichen Brief gelesen und die restliche Werbepost geöffnet hat, stellen Sie folgende Fragen:
   - In unserem Leben stoßen wir immer wieder auf Kritik, nicht wahr? Ist es mit dieser Kritik nicht manchmal genauso wie mit diesem Werbematerial? (Ein Großteil davon ist wertlos, wir schauen uns an, was man uns mitteilen soll – halten nach „einem Körnchen Wahrheit“ Ausschau, das uns helfen kann zu wachsen und uns zu verändern – und *werfen* den Rest *weg!)*
   - Was war inmitten dieses Werbematerials versteckt? (ein Brief) Woran will uns dieser Brief erinnern? (Wir sollen immer, und besonders wenn wir harter, zuweilen niederschmetternder Kritik ausgesetzt sind, daran denken, *was Gott von uns denkt* – daß er uns immer und bedingungslos liebt.)
5. Alle schlagen Johannes 15, 18-21 auf. Nachdem der Abschnitt von jemandem laut vorgelesen wurde, stellen Sie Fragen, die sich mit dem Ursprung mancher Kritik befassen:
   - Warum kritisieren uns manche Leute, die uns nicht einmal persönlich kennen? (Weil sie *Christus* hassen, den sie in uns erkennen.)
   - Warum werden Christen so oft zur „Zielscheibe der Kritik“? (Weil wir anders sind; wir gehören zu Christus und nicht zu dieser Welt.)
   - Wie sollten wir mit solcher Kritik umgehen? (Wir müssen daran denken, *warum* wir so behandelt werden: weil derjenige, der uns kritisiert, eigentlich den Christus in uns haßt. Und wir dürfen nie vergessen, daß *Gott* uns liebt.)

   Sprechen Sie weiter über spezielle Fragen, die Ihre Familie zu diesem Thema bewegt.
6. Beten Sie abschließend miteinander und füreinander darum, in Zeiten der Kritik bestehen und in rechter Weise damit umgehen zu können.

Vorschläge

Ich wußte, daß die Post uns täglich jede Menge Werbematerial ins Haus bringt (Leser, die in dieser Werbebranche arbeiten, mögen mir bitte verzeihen!). Trotzdem war der Berg, der sich innerhalb von zwei Monaten angesammelt hatte, eine nicht geringe Überraschung. Ich glaube, die Idee für diese Andacht kam mir, als mir bewußt wurde, wie ich stets unter diesem Werbematerial nach einem ersehnten persönlichen Brief von Freunden Ausschau halte. Dies schien mir ein vollkommenes Bild für die Botschaft der Liebe Gottes inmitten all der Kritik und negativen Botschaften in dieser Welt zu sein. Meine Familie hat die Briefe mit genausoviel Freude aufgenommen, wie ich beim Schreiben hatte. So war diese Andacht gewiß nicht umsonst.

Gefühle: „Was empfinde ich, wenn ...?“

Material

- einige Blatt Papier
- Buntstifte oder feine Filzstifte
- einige, zum Thema passende Fragen

Vorbereitung

Überlegen Sie sich treffende Fragen, die den einzelnen Mitgliedern Ihrer Familie helfen, ihre Gefühle in einem Bild auszudrücken. Ich habe zum Beispiel folgende Fragen gestellt:
- Welches Gefühl hat mich in dieser Woche am stärksten beherrscht?
- Was empfinde ich, wenn jemand in der Familie schlechte Laune hat?
- Welche Gefühle löst das Wort ‚Hausaufgaben' bei mir aus?
- Wie ist mir zumute, wenn ich allein zu Hause bin?
- Was empfinde ich in Streßsituationen?
- Wie fühle ich mich, wenn ich beim Spiel verliere?
- Wie empfinde ich, wenn Eltern/Kinder streiten?
- Was empfinde ich, wenn Mutti erst schimpfen muß, bevor ich meine Pflichten erfülle?
- Wann habe ich mich in dieser Woche am glücklichsten/am elendsten gefühlt?
- Wie fühle ich mich, wenn (ich oder jemand anders in der Familie) nicht sprechen will?
- Wie fühle ich mich, wenn ich bereits sehr beschäftigt bin, und jemand mich bittet, noch eine andere Aufgabe zu erledigen?

Versuchen Sie, Fragen zu stellen, die auf die Launen und Bedürfnisse Ihrer Familie eingehen. Als uns auffiel, daß unsere Söhne negativ auf unsere stressige Woche reagierten, bemühten wir uns, herauszufinden, welche Gefühle sie diesbezüglich bewegten. Als einer der Jungs es nicht ertragen konnte, bei einem Spiel zu verlieren, stellten wir die entsprechenden Fragen. Manchmal ist uns auch nicht nach einem tieferen Austausch zumute, dann schreiben wir und malen ein Bild zu dem glücklichsten Erlebnis der Woche. Ganz gleich, worüber wir uns austauschen: es lohnt sich, die Gefühle der anderen besser kennenzulernen.

Durchführung

1. Alle nehmen am Tisch Platz.
2. Teilen Sie jedem einige Blatt Papier aus.
3. Legen Sie in der Tischmitte genügend Buntstifte oder Filzstifte bereit.
4. Kündigen Sie an, daß jeder nun eine bestimmte Situation beschreiben und dann ein Bild dazu malen soll. Weisen Sie darauf hin, daß jeder versuchen soll, besonders die Gefühle aufzudecken, die sich unter der Oberfläche verbergen, die uns nicht sofort bewußt sind. Das bedeutet, daß wir selten einfach nur traurig, wütend, glücklich sind oder Angst haben; darunter befinden sich unsere eigentlichen Gefühle, wie Einsamkeit, Enttäuschung, Unbeschwertheit oder Unsicherheit. Diese *tiefen* Gefühle zeigen an, was tatsächlich in uns vorgeht.
5. Erläutern Sie, daß das Bild ein Ausschnitt aus einer Situation sein soll, der zeigt, was wir empfinden. Wenn ich zum Beispiel ausdrücken will, daß ich traurig bin – und der Grund für meine Traurigkeit ist Einsamkeit –, könnte ich mich beispielsweise mitten in einer großen Menschenmenge zeichnen, in der mich absolut niemand beachtet. Bin ich wütend, weil ich mich unter Druck gesetzt fühle, so male ich mich zwischen den Backen eines Schraubstocks, die immer fester angezogen werden.
6. Stellen Sie die Fragen, die Sie zusammengestellt haben und lassen Sie genügend Zeit, die Bilder fertigzustellen.
7. Wenn alle fertig sind, schauen Sie sich die Bilder gemeinsam an und beschreiben die dargestellten Gefühle. Lassen Sie auch Zeit für eventuelle weitere Fragen.
8. Schließen Sie mit Gebet.

Vorschläge

Diese Andacht habe ich als einzige aus dem ersten Band übernommen, weil sie für unsere Familie außerordentlich nützlich und wertvoll war. Sie hat dazu beigetragen, verborgene Verletzungen und Ärgernisse ans Licht zu bringen, Konflikte innerhalb unserer Familie zu lösen und den Teil unserer Persönlichkeit kennenzulernen, der sonst eher im verborgenen liegt. Wir haben dabei mancherlei Einsichten gewonnen, Freude miteinander gehabt und uns gegenseitig besser verstehen gelernt. Ich kann nicht genug betonen, wie hilfreich diese Andacht für unsere Familie war, und möchte Ihnen deshalb Mut machen, sie selbst auszuprobieren.

Craig und ich waren einige Jahre lang in einer christlichen Eheberatung tätig. Diese Erfahrungen haben unser Leben verändert, denn wir haben dabei Fähigkeiten erlernt, die wir vorher nicht besaßen: nämlich Gefühle ans Licht zu bringen und sie einander und unseren Kindern mitzuteilen. Nur allzuoft meinen wir, unsere Gefühle teilten sich von selbst mit, auch wenn wir versuchen, offen zu sein und unsere Gefühle uns bewußt sind. Wir werden aber nur wirklich über unsere tiefen und eigentlichen Gefühle reden können, wenn wir uns dafür speziell Zeit nehmen. Sonst gehen sie in der Routine und Hektik des Alltags unter.

Gefühle zeigen, was ein Mensch wirklich tief empfindet. Dies sind wichtige Informationen für die Eltern, wenn ihre Kinder beispielsweise verletzt, wütend oder einsam sind.

Jetzt, wo unsere Söhne schon größer sind, sagen wir oft (z. B. beim Abendessen): „Heute abend heißt es bei uns wieder einmal: ‚Was empfinde ich, wenn . . .?'. Bitte überlegt euch auch Fragen, über die wir sprechen wollen." Auf diese Weise hat jedes Familienmitglied die Möglichkeit, Probleme, Verletzungen, Enttäuschungen oder andere Anliegen anzusprechen. In diesen Zeiten des Austauschs habe ich unglaubliche Einsichten in das Wesen meiner Söhne, meines Mannes *und* in mein eigenes gewonnen.

4. Anbetung

Dank und Manna

Material

- Schaumstoffflocken (wie sie als Verpackungseinlage verwendet werden)
- eine Schüssel für die Schaumstoffflocken
- eine große Kerze für die ganze Familie, Streichhölzer
- wenn gewünscht, eine Kerze für jedes einzelne Familienmitglied
- Karteikarten
- Tesafilm
- Filzstifte

Text: 5. Mose 8,10-18; 2. Mose 16

Vorbereitung

- Füllen Sie etwa soviel Schaumstoffflocken in eine Schüssel, daß jeder ungefähr fünf bis zehn entnehmen kann.
- Legen Sie Kerzen und Streichhölzer für später bereit.
- Basteln Sie eine Tischkarte, und schreiben Sie auf beide Seiten mit leuchtenden Farben „Gottes Manna für uns".
- Studieren Sie den Hintergrund von 5.Mose 8, 10-18. In diesem Kapitel wird das Volk Israel ermahnt, Gott nicht zu vergessen. Das Gebot, Gott nicht zu vergessen, bedeutet gleichzeitig, bewußt an ihn zu denken, ihn zu loben und ihm zu danken, wie er auf wunderbare Weise für uns sorgt. Das Volk Israel wird gleichzeitig auch davor gewarnt,

stolz und selbstgefällig zu werden; statt dessen sollen sie Gottes Gebote und Gesetze halten und von seiner Macht und Stärke erzählen, die ihnen Kraft gibt, für ihre Bedürfnisse zu sorgen.
(Vielleicht möchten Sie auch noch einmal nachlesen, was in 2. Mose 16 über Manna berichtet wird.)

Durchführung

1. Sprechen Sie beim Abendessen darüber, was *Manna* ist, wie es aussah, wie es gesammelt werden sollte, und wie das Volk Israel auf dieses Geschenk Gottes reagierte.
2. Nachdem sich jeder eine Bibel geholt hat, beginnen Sie die Familienandacht mit einem Gebet. Zünden Sie die große Familienkerze an.
3. Alle schlagen 5. Mose 8, 10-18 auf; lesen Sie den Abschnitt entweder gemeinsam laut vor oder lassen Sie ihn vorlesen. Stellen Sie dann folgende Fragen: Dieser Abschnitt erinnert das Volk Israel daran, ihren Gott nicht zu vergessen. Wie sieht das konkret aus, jemanden nicht zu vergessen? (Indem wir bewußt an ihn denken.) Wie denken wir speziell an Gott? (Wenn wir davon erzählen, was er Gutes an uns getan hat, und ihm dafür danken.) Hat das auch der Schreiber dieses Abschnitts getan? (Ja, Mose erinnerte Israel an allen Segen, den sie von Gott empfangen hatten.) Welche Segnungen werden aufgezählt? (Nahrung, gutes Land, das reichlich Nahrung gibt, Häuser, Vieh, Silber und Gold, Manna.) Wovor warnt der Schreiber Israel? (Israel soll nicht vergessen, woher dieser Segen kommt, um nicht selbstherrlich zu werden.) Treffen diese Anweisungen und Warnungen für Israel auch auf unsere Familie zu? Inwiefern? (Auch wir dürfen nicht vergessen, daß Gott es ist, der für uns sorgt und uns beschenkt; auch wir sollen ihn loben und ihm danken.) Wie kann das für uns als Familie konkret aussehen? (Wir können die Dinge aufzählen, mit denen er uns so großzügig beschenkt hat, und ihn dafür loben und preisen.)
4. Stellen Sie die Schüssel mit „Manna" neben die große Kerze und teilen Sie jedem eine kleinere Kerze aus.
5. Erläutern Sie, daß die Schüssel symbolhaft „Manna" enthält und uns an all das Gute erinnern soll, womit Gott uns gesegnet hat. Jeder darf seine Kerze an der großen entzünden; anschließend nimmt einer nach dem anderen ein Stück „Manna" heraus und berichtet dabei von etwas Gutem, was er/sie von Gott empfangen hat, wofür er/sie ihm danken möchte. Vielleicht möchten Sie genauso wie der Schreiber unseres

Bibelabschnitts an den besonderen Segen erinnern, den Sie als Familie von Gott empfangen haben. Fahren Sie solange fort, bis die Schüssel leer ist (oder noch länger), oder bis keiner mehr etwas zu berichten weiß.

6. Vielleicht möchten Sie an diesem Abend ein Danklied singen, bevor Sie die Andacht mit einem Gebet abschließen.

Vorschläge

Beim Anblick der Schaumstoffflocken in einer Kiste mußte ich unwillkürlich an Manna denken. Hatte ich es mir nicht immer genau so vorgestellt? Und hatten wir nicht gerade einen neuen *Gebraucht*wagen gekauft (anstelle des neuen Autos, das wir uns alle wünschten)? Sollten wir Gott nicht dafür danken, daß wir überhaupt ein Auto haben? Das war eine gute Möglichkeit, uns darin zu üben, Gott nicht zu vergessen, indem wir ihm danken.

Meine Bedenken, den Jungs könne nicht genug einfallen, wofür sie Gott danken wollen, wurden sehr schnell zerstreut. Unsere Schüssel war im Nu leer. Es ist immer ermutigend – und zuweilen erstaunlich – zu hören, wofür unsere Kinder dankbar sind. Schon deshalb lohnt es sich, diese Andacht zur Tradition zu machen; vielleicht zum Erntedankfest, zu Silvester oder wann auch immer.

Silvesterabend: Vergangene und zukünftige Ziele

Material

- ein kleines Kreuz (möglichst ein rohes Holzkreuz; man kann aber auch ein Kreuz von einer Halskette, Wandschmuck o.ä. verwenden)
- eine Schachtel (um das Kreuz darin zu verpacken)
- Geschenkpapier (möglichst Gold- oder Silberfolie) und Geschenkband
- Tesafilm
- Schere
- große Kerze, Streichhölzer
- für jeden eine kleinere Kerze (wenn gewünscht)
- Bibel
- Karteikarten
- Bleistifte oder Kugelschreiber

Text: Philipper 4, 4-13 (oder die Verse, die Sie im vergangenen Jahr als Familie auswendig gelernt haben)

Vorbereitung

Verpacken Sie das Kreuz in der Schachtel recht ansprechend mit Geschenkfolie und Schleife.

Legen Sie das Paket, die Kerzen, Streichhölzer, Karteikarten, Stifte und eine Bibel für später bereit.

Wenn Sie im vergangenen Jahr als Familie einen Bibelabschnitt auswendig gelernt haben, dann verwenden Sie diesen. (Vielleicht möchten Sie im kommenden Jahr diese Verse aus dem Philipperbrief auswendig lernen.)

Überdenken Sie folgende Fragen, und überlegen Sie dabei auch, wo Ihre Kinder eventuell Hilfe brauchen werden:

- Wie war das vergangene Jahr für mich in geistlicher Hinsicht?
- Was habe ich gelernt?
- Welches war die schwerste Lektion für mich?
- Auf welchen Gebieten meines Lebens möchte ich im kommenden Jahr wachsen?

Durchführung

1. Beginnen Sie, nachdem Sie die große Kerze in die Tischmitte gestellt und angezündet haben, Ihre Andacht mit einem Gebet.
2. Wenn Ihre Kinder groß genug sind, können sie jedem eine kleinere Kerze in die Hand geben, die sie später an der großen Kerze anzünden dürfen.
3. Stellen Sie die folgenden Fragen, die Sie der Reihe nach gemeinsam beantworten. (Weiß jemand auf eine Frage keine Antwort, können Sie durch Beispiele helfen; *fordern* Sie jedoch nicht von jedem Kind eine Antwort auf jede Frage.)
   - Wie war das vergangene Jahr für mich in geistlicher Hinsicht?
   - Was habe ich gelernt?
   - Welches war die schwerste Lektion für mich?
   - Auf welchen Gebieten meines Lebens möchte ich im kommenden Jahr wachsen?
4. Falls Sie sich im vergangenen Jahr zu Silvester bestimmte Ziele gesetzt haben, sprechen Sie jetzt darüber. Folgende Fragen können hilfreich sein: Habe ich meine Ziele erreicht? Warum oder warum nicht? Wie können wir uns im kommenden Jahr ermutigen und unterstützen, um unsere Ziele zu erreichen?
5. Erläutern Sie, daß Sie erst über dieses spezielle Geschenk sprechen wollen, bevor Sie die geistlichen Ziele für das neue Jahr festlegen. (Stellen Sie das Paket auf den Tisch, das hoffentlich im Kerzenlicht noch schöner erscheint.) Fahren Sie sinngemäß fort: Dieses schöne Paket auf dem Tisch enthält das wertvollste Geschenk, das jemals gemacht wurde. Könnt Ihr erraten, was das ist? Nachdem die Kinder einige Male geraten haben, dürfen sie das Paket – wenn notwendig mit Hilfe der Eltern – gemeinsam auspacken. Lassen Sie das Kreuz herumgehen, so daß es jeder in der Hand halten kann. Stellen Sie weitere Fragen:
   - Warum ist das Kreuz das wertvollste Geschenk, das jemals gemacht wurde? Was stellt es dar? (Das Kreuz stellt dar, daß Jesus Christus am Kreuz für unsere Sünden starb.)
   - Was beinhaltet das Kreuz außerdem? (Daß Jesus den Tod überwunden hat und aus dem Grab auferstanden ist.)
   - Warum sind der Tod und die Auferstehung Christi ein Geschenk für jeden von uns? (Wenn wir unsere Sünden bereuen und Jesus bitten, der Herr über unser Leben zu werden, gibt er uns das Geschenk des ewigen Lebens mit ihm.)

6. Erklären Sie weiter, wie das größte Geschenk Gottes – das Leben seines Sohnes Jesus Christus – und alle seine Gaben an uns, dazu führen sollen, daß wir Gott auch etwas schenken möchten: *uns selbst.* Fragen Sie weiter: Was möchte ich im kommenden Jahr Gott von mir schenken? Was kann ich tun, um geistlich zu wachsen und Gott besser zu dienen? Wenn Sie möchten, kann jeder seine Kerze an der großen anzünden, während er über seine Ziele und Vorhaben spricht.
7. Wenn Sie im vergangenen Jahr gemeinsam einen Bibelabschnitt auswendig gelernt haben, wiederholen Sie diesen jetzt gemeinsam. Falls nicht, liest ein Elternteil Philipper 4, 4-13 vor.
8. Wählen Sie als Familie einen neuen Bibelabschnitt aus, den Sie im kommenden Jahr gemeinsam auswendig lernen wollen. Vielleicht möchten Sie die angegebenen Verse aus dem Philipperbrief lernen, einen Psalm, Teile aus Jesaja oder Verse aus dem Neuen Testament...
9. Danken Sie zum Schluß Gott im Gebet für seinen Segen im vergangenen Jahr und für die Ziele im neuen Jahr.

Vorschläge

Weil das Beantworten der Fragen in dieser Andacht schon ein Stück abstraktes Denken voraussetzt, ist sie am ehesten für Kinder von acht Jahren an geeignet. Sollten Sie Kinder unterschiedlichen Alters haben – zum Beispiel zwei jüngere und zwei ältere – dann helfen Sie den kleineren Geschwistern bei der Beantwortung der Fragen. Außerdem wird ihre Aufmerksamkeit von dem schön verpackten Paket und der Kerze beschlagnahmt werden. Achten Sie aber bitte darauf, die Länge der Andacht der Konzentrationsfähigkeit der Jüngsten anzupassen.

Und suchen Sie sich bitte einen Bibelabschnitt aus, den Sie auswendiglernen wollen! Unserer Familie bereitet diese Tradition sehr viel Freude, und wir sind immer sehr stolz, wenn wir wieder einen Teil aus der Bibel auswendig kennen! Wir haben zum Beispiel Verse aus Jesaja, Psalmen und den Abschnitt aus Philipper auswendiggelernt. Noch einmal: auch wenn Ihre Kinder noch klein sind, können sie schon Bibelverse auswendig lernen, und sei es nur ein Vers oder ein Teil davon.

„Ihr seid das Licht der Welt“

Material

- eine Petroleumlampe (komplett mit Docht und Öl), Streichhölzer
- eine scharfe Schere
- Bilder von Öllampen aus der Zeit des Neuen Testaments (z. B. in *Illustriertes Kinder-Bibel-Lexikon,* Hänssler-Verlag)
- Bibeln
- Karteikarten
- Tesafilm
- Bleistifte oder Kugelschreiber
- Filzstifte

Text: Matthäus 5, 13-16

Vorbereitung

Überprüfen Sie die Petroleumlampe auf ihre Funktionstüchtigkeit.

Zeichnen Sie die Umrisse einer Öllampe auf eine Karteikarte; dann schneiden Sie das Muster aus und zeichnen damit so viele Öllampen auf, wie Personen zu ihrer Familie gehören (ich zeichne stets noch eine zusätzlich, falls eine verlorengeht oder jemand noch eine braucht).

Studieren Sie Matthäus 5, 13-16, und beschäftigen Sie sich auch mit dem Hintergrund und Zusammenhang dieses Abschnitts (die Verse sind Teil der sogenannten „Bergpredigt“; Kap. 5 beginnt mit den Seligpreisungen). Suchen Sie in Lexika Bilder von Öllampen aus der Zeit des Neuen Testaments und kennzeichnen Sie die betreffenden Seiten.

Überlegen Sie, auf welchem Gebiet sich Ihre Kinder besonders ändern müßten, damit andere die Veränderungen bemerken und Gott loben. (Nennen Sie diese Dinge während der Andacht aber nur, wenn den Kindern selbst nichts einfällt. Vielleicht möchten Sie die Andacht auch mit kleinen Kindern durchführen und zur besseren Illustration des Lied „Für Jesus will ich als Sonnenstrahl leuchten“ singen; im allgemeinen sind aber erst Kinder ab etwa neun Jahren in der Lage, das Anliegen gedanklich zu erfassen.)

Basteln Sie eine Tischkarte, und schreiben Sie Matthäus 5, 13-16 darauf.

Legen Sie alles benötigte Material für später bereit.

Durchführung

1. Sprechen Sie während des Abendessens mit Hilfe der folgenden Fragen über den Hintergrund und Zusammenhang von Matthäus 5:
   - Wie heißt die bekannte Predigt, die in Matthäus Kapitel 5, 6 und 7 niedergeschrieben ist? (Bergpredigt)
   - Wer hat diese Predigt gehalten? (Jesus)
   - Warum hat man sie Bergpredigt genannt? (Jesus predigte oft auf einem Berg.)
   - Womit beginnt das 5. Kapitel? (mit den Seligpreisungen: selig sind, die ...)
   - Welches andere Wort kann man für „selig" einsetzen? *(glücklich*; die Seligpreisungen beschreiben jedoch mehr als ein bloßes Gefühl: ewige Freude.)
2. Beginnen Sie später Ihre Familienandacht mit Gebet, und bitten Sie jemanden, Matthäus 5, 13-16 vorzulesen.
3. Zeigen Sie Ihrer Familie Bilder von Ölleuchten; weisen Sie auf die Form hin, wo das Öl eingefüllt und der Docht eingesetzt wurde.
4. Stellen Sie die Petroleumlampe auf den Tisch. Nachdem Sie den Docht angezündet haben, löschen Sie alle anderen Lichter, so daß die Petroleumlampe die einzige Lichtquelle im Raum darstellt. Lesen Sie die Verse 14 und 15 noch einmal und betonen Sie dabei das „*IHR* seid das Licht der Welt". Stellen Sie dazu weitere Fragen.
   - Glaubt ihr, daß eine Familie, die zur Zeit des Neuen Testaments gelebt hat, ihre einzige Lichtquelle unter einem Scheffel (das ist ein altes Hohlmaß) verborgen hat? Was sagt Jesus, was sie statt dessen getan haben? (Die Lampe wurde auf einen Leuchter gestellt, damit sie soviel Licht wie möglich spendete.)
   - Wem leuchtete die Lampe dann? (allen im Haus)
   - Was sagt Jesus außerdem, was nicht verborgen sein kann? (eine Stadt, die auf einem Berg liegt) Warum? (Sie liegt über allem anderen, und ihre Lichter sind weithin sichtbar.)
5. Nachdem Sie eine andere Lampe eingeschaltet haben, löschen Sie den Docht aus. Schneiden Sie anschließend verschiedene Formen in den Docht (wir haben uns zum Beispiel mit Wellen-, Zacken und V-Formen versucht). Zünden Sie danach die Petroleumlampe wieder an, und löschen Sie alles andere Licht. Experimentieren Sie solange mit der Flamme, bis Sie soweit sind, es mit einer anderen Form zu probieren.

6. Lesen Sie im Schein der Pertroleumlampe Vers 16. Stellen Sie dazu Fragen wie:
   - Was meint Jesus damit, wenn er sagt: „So laßt euer Licht leuchten vor den Leuten ...“? (Wir sind als Christen auch so ein Gefäß wie eine Öllampe; aus uns soll das Licht Gottes – seine Liebe – für alle scheinen, die uns begegnen.)
   - Weshalb sollen wir willige Gefäße sein, aus denen das Licht Gottes scheint? (Damit andere unsere guten Werke sehen und *Gott dafür preisen.)*
   - Stellen wir manchmal einen „Scheffel“ über unser Licht? (Ja, wenn unser Leben nicht so aussieht, wie es Gott gefällt.)
   - Was sagt uns die Form des Dochts über unsere „Lebensform“? (Unsere Lebensweise offenbart, wie es in uns aussieht; wenn wir geistlich wachsen, kann sich diese „Form“ verändern.)
7. Teilen Sie jedem einen Stift und eine der aufgezeichneten Öllampen aus, die das Leben der einzelnen darstellen sollen. Jeder soll deshalb eine Sache hineinschreiben, wo er sich ändern will, so daß die anderen diese Veränderung bemerken und Gott dafür preisen.
8. Tauschen Sie zum Schluß die Lampen aus und beten Sie füreinander im Hinblick auf die angestrebten Veränderungen.

Vorschläge

Als uns eine liebe Freundin zu Weihnachten eine Petroleumlampe schenkte, wußte ich sofort, daß dies ein ganz besonderes Geschenk war. Sie würde uns nicht nur an ihre Freundschaft und Liebe erinnern, sondern auch zu einem Brennpunkt für eine unserer Familienandachten werden.

Der warme Schein der Lampe schuf die rechte Atmosphäre für eine Andacht und machte uns das Gleichnis, das Jesus einst gebraucht hatte, auf eindrückliche Weise deutlich. Als unser großer Lehrer liefert Jesus uns auch ein Musterbeispiel dafür, wie Menschen – aller Altersgruppen – das am besten behalten, was sie mit ihren Sinnen erfaßt haben. (An der Reaktion unserer Söhne wurde deutlich, daß sie das Grundanliegen sehr wohl verstanden hatten.) So sehe ich in Gedanken den Schein der Flamme noch vor mir, der mich – und hoffentlich auch unsere Kinder – daran erinnert, ein Leben zu führen, das im Licht Gottes bestehen kann und seine Liebe weitergibt.

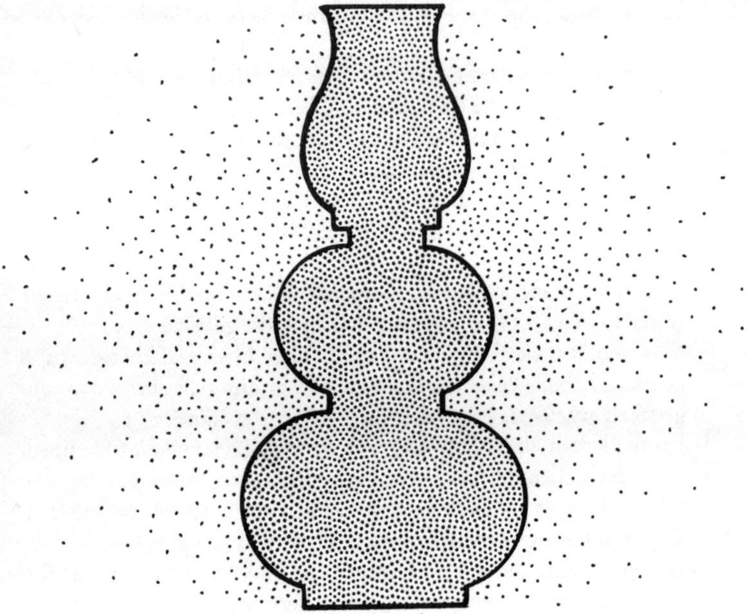

5. Entwicklung einer positiven Beziehung zwischen Eltern und Kindern in der Vorpubertät und den Teenagerjahren

Persönliche Ziele setzen

Material

- Notizpapier
- Stifte
- Bibel

Anwendungsgebiete

- verschiedene sportliche Aktivitäten
- Übergang von der Grund- in die Realschule bzw. das Gymnasium
- Beginn verschiedenster neuer Aktivitäten in der Schule: neues Schuljahr, Chor, Orchester, Theatergruppe, Schachclub usw.

Durchführung

1. Wenn für Ihr Kind irgendwo ein neuer Abschnitt beginnt – und *besonders,* wenn es demgegenüber Unsicherheit und Angst erkennen läßt oder in der Vergangenheit auf diesem oder einem ähnlichen Gebiet Probleme hatte, dann bitten Sie Ihr Kind, eine Liste seiner persönlichen Ziele aufzustellen. *Doch Vorsicht, es darf nicht nach einer zusätzlichen Hausaufgabe aussehen!* Machen Sie es so spannend wie möglich, und ermutigen Sie Ihr Kind auch, indem Sie ihm sagen, daß diese Liste weder sehr lang, noch in „Schönschrift" abgefaßt sein muß. Betonen Sie, daß es bestimmt sehr nützlich ist – sowohl für das Kind als *auch* für die Eltern –, denn dadurch werden seine Kräfte in eine bestimmte Richtung gelenkt und sinnvoll eingesetzt.
2. Machen Sie Ihrem Kind Mut, zunächst einmal darüber zu beten. Dann erklären Sie ihm, daß diese Ziele *nichts* mit Fähigkeiten oder „Leistung" zu tun haben, sondern vielmehr der *Charakterbildung* dienen sollen. Wenn Ihr Kind zum Beispiel mit einem Wettkampfsport beginnt, sollte sein Ziel *nicht* darin bestehen, „zehn Punkte bei jedem Spiel zu gewinnen". Ein Ziel, das zur Charakterbildung beiträgt, könnte sein, „nicht aufzugeben, auch wenn ich verliere", oder „mich nicht über jemanden lustig zu machen, der einen Fehler begeht." Fängt das Kind ein neues Schuljahr an, sollte sein Ziel *nicht* sein, „immer nur Einsen zu bekommen", sondern, „stets zu versuchen, gewissenhaft zu arbeiten und alle Hausaufgaben pünktlich zu erledigen." Wählen Sie die Beispiele so aus, daß Ihr Kind genau weiß, was es tun soll. Vielleicht möchten Sie Ihrem Kind auch ein bestimmmtes Gebiet vorschlagen, wo es sich Ziele setzen soll (zum Beispiel wenn es in letzter Zeit Probleme hatte, mit anderen in einer Gruppe auszukommen).
3. Vielleicht schlagen Sie auch vor, neben den gestellten Zielen einen Vers auswendig zu lernen, der zu dem Thema paßt (oder man lernt den Vers gemeinsam). Helfen Sie Ihrem Kind, falls nötig, einen passenden Bibelvers zu finden, oder zeigen Sie ihm, wie man mit einer Konkordanz arbeitet.
4. Legen Sie eine angemessene Zeit fest, um die Ziele zu erreichen: nicht zu kurz, damit das Kind auch genügend Zeit hat, und nicht zu lang, damit es die Dinge nicht nur vor sich herschiebt. Tragen Sie diese Zeit in den Kalender ein, damit Sie eine Zeit einplanen können, in der Sie gemeinsam über diese Ziele sprechen und dafür beten.
5. Sorgen Sie bei diesem Gespräch für eine entspannte und angenehme

Atmosphäre. Bitten Sie Ihr Kind, seine Ziele laut vorzulesen. Gehen Sie sehr behutsam und rücksichtsvoll vor, wenn Sie meinen, noch etwas ändern oder hinzufügen zu müssen. *Das Wichtigste ist, daß es die eigenen Ziele des Kindes sind und bleiben!* Denken wir als Eltern daran, daß wir unserem Kind nicht eine Liste *unserer* Wünsche aufzwingen, sondern es nur dabei unterstützen wollen, sich selbst Ziele für sein persönliches Wachstum zu setzen.

6. Bitten Sie Ihren Sohn oder Ihre Tochter, die Liste mit Datum und Unterschrift zu unterzeichnen. Vielleicht möchten Sie als Eltern etwa folgendes Versprechen anfügen: „Ich verspreche, dich zu unterstützen, dich zu ermutigen und für dich zu beten, während du dich darum bemühst, deine Ziele zu erreichen." (Vielleicht schlagen Sie auch nur vor, die Liste mit zu unterschreiben; sträubt sich Ihr Kind dagegen, dann lassen Sie es sein.)
7. Beten Sie für Ihr Kind um Weisheit, Kraft und Mut, damit es seine Ziele erreichen kann. Danken Sie Gott, daß Ihr Kind bereit ist, sich Ziele zu stellen, um persönlich zu wachsen, und bitten Sie darum, daß alle dabei etwas lernen.
8. Fragen Sie Ihr Kind, ob es die Liste bei sich aufbewahren oder an einem gut sichtbaren Ort (wie zum Beispiel am Kühlschrank) anbringen will. (Bringt man die Liste am Kühlschrank an, kann sie nicht so schnell verlorengehen; außerdem werden Eltern und Kinder ständig daran erinnert, an diesen Zielen zu arbeiten und dafür zu beten.)
9. Wenn Ihr Sohn oder Ihre Tochter das Haus zu der betreffenden Aktivität verlassen, sollten Sie sie vorsichtig an ihre Ziele erinnern. Vielleicht fragen Sie: „Wie geht es denn voran? Hast du schon Fortschritte gemacht? Was macht dir noch Schwierigkeiten? Wie kann ich noch konkreter für dich beten?" Sagen Sie Ihrem Kind immer wieder: „Ich bete für dich", und lösen Sie dieses Versprechen auch ein.
10. Nach Ablauf des festgelegten Zeitraums setzen Sie sich zusammen, um auszuwerten, was schon erreicht wurde und woran noch weitergearbeitet werden muß. Achten Sie bei dem Gespräch darauf, daß die Kritik nicht die Oberhand gewinnt. Nutzen Sie die Gelegenheit, Ihr Kind zu ermutigen, seine Bemühungen anzuerkennen, um dann auch auf Punkte hinzuweisen, die noch verbessert werden und möglicherweise Ansatzpunkte für neue Ziele darstellen könnten. Danken Sie zum Schluß Gott im Gebet für positive charakterliche Entwicklungen, und bitten Sie um weiteres Wachstum in der Zukunft.

Kampfgeist und ausgeprägtes Konkurrenzdenken scheinen unseren Kindern schon angeboren zu sein. Leider kann ich nicht behaupten, daß nur mein Mann ihnen diese Anlagen vererbt hat. Warum habe ich mich dann jedesmal, wenn sie mit einer Sportart begannen, der unrealistischen Erwartung hingegeben, daß dieses Jahr, dieses Team, dieses *Kind* völlig anders sein würde – reif, den Wettkampfgeist stets positiv unter Kontrolle zu halten? Ich glaube, daß meine Erwartungen schließlich derart im Gegensatz zur Wirklichkeit standen, daß ich mir sagte: du mußt etwas Konstruktives dagegen tun; ein Hilfsmittel finden für die Kinder und dich selbst! So entstand der Gedanke einer Liste persönlicher Ziele. Natürlich wurden damit nicht alle Probleme gelöst, aber die Liste wurde für unsere Söhne ebenso wie für uns als Eltern zu einem wertvollen Werkzeug, das uns hilft, konkret, konstruktiv und in persönlicher Verantwortung an Dingen zu arbeiten, die uns selbst und unser Leben verändern.

Betonen möchte ich, wie sehr die Liste *mir* als frustrierter Mutter geholfen hat. Wie oft hatte ich hier geschimpft oder dort versucht, einen guten Rat zu geben! Jetzt hatte ich etwas Konkretes in der Hand, wofür ich beten konnte in Dingen, bei denen unsere Jungs *selbst* erkannt hatten, daß sie sich ändern mußten und wollten.

Unsere Gespräche zu diesen Zielen verliefen nicht in der Art: ich rede und du hörst zu! Die wichtigste Voraussetzung ist, daß die Kinder *eigene* Entscheidungen treffen. Craig hat diese wichtige Lektion als Jugendpfarrer gelernt: wenn den Kindern etwas *selbst gehört,* wenn sie sich selbst etwas ausgedacht haben, arbeiten sie stets fleißiger, gewissenhafter, sie strengen sich mehr an und fühlen sich persönlich verantwortlich. War etwas „nur die Idee von Pastor Craig", fiel der Einsatz wesentlich geringer aus. Ich glaube, Sie werden das gleiche in bezug auf die persönlichen Ziele feststellen. Wenn Sie die Liste für Ihr Kind zusammenstellen, werden es nur Ihre Ziele sein; schreibt Ihr Kind die Ziele selbst auf, werden es *seine eigenen* sein.

Vor dem ersten „Rendezvous“: Regeln vereinbaren

Material

- Notizpapier
- Stift
- Bibel

Anwendung

Vereinbaren Sie Regeln, bevor Ihr Kind beginnt, sich in einer Gruppe, mit anderen „Pärchen“ oder allein mit einem Freund/einer Freundin zu verabreden.

Durchführung

1. Beginnt Ihr Kind, Interesse daran zu zeigen, mit anderen ausgehen zu wollen, sollten Sie es auffordern, schriftlich bestimmte Regeln dafür festzulegen. (Einigen Sie sich als Eltern, bevor Sie mit Ihrem Kind sprechen, darüber, ob für die verschiedenen Arten von Verabredungen, wie sie oben genannt sind, die gleichen oder unterschiedliche Regeln gelten sollen. Eine „geschlossene Front“ ist eine wesentliche Voraussetzung.)
2. Sagen Sie Ihrem Teenager, daß dies *seine eigenen* Regeln und Maßstäbe sind. Eine Liste von Regeln, die ein Teenager nicht selbst aufgestellt hat, wird kaum Auswirkungen auf seine Gewohnheiten und seinen Lebensstil haben.
3. Als Eltern müssen Sie sich sehr genau überlegen, auf welche Punkte sich diese Regeln beziehen sollen. Sprechen und beten Sie darüber, um die entsprechenden Bereiche und Anliegen aufzulisten. Wir haben unseren Jungs zum Beispiel gesagt, daß sie sich in bezug auf ihre Regeln über die folgende Punkte Gedanken machen sollen:
   - Plane ich, mit Nichtchristen auszugehen oder nur mit Christen?
   - Wo werden wir hingehen? Zu Jugendveranstaltungen? Ins Kino? Zum Tanzen? Zum Kegeln? Zu Partys in Wohnungen?
   - Gibt es Orte, die ich lieber meiden sollte? Bestimmte Bereiche in der Schule? Parkplätze? Partys in Wohnungen von zweifelhaften Bekannten? Allein im Auto zu sein?

– Wenn ich mir Filme anschaue, welche sollte ich sehen und welche nicht? Was sind meine Bewertungsmaßstäbe?
– Bin ich einverstanden, meine Eltern zu informieren, wo ich mich verabrede und auch über evtl. Änderung der Pläne während der Verabredung?
– Was ist eine angemessene Zeit, wieder zu Hause zu sein: in der Woche; am Wochenende? Bin ich bereit, mit diesen Zeiten flexibel umzugehen, wenn ich sehr viel zu tun habe, mich gestreßt oder unwohl fühle?
– Bin ich einverstanden, sofort zu Hause anzurufen, wenn ich aus irgendwelchen dringenden, nicht vorhersehbaren Gründen nicht in der Lage bin, zur festgesetzten Zeit nach Hause zu kommen? Welche Reaktion halte ich für angemessen, wenn ich mich ohne zwingenden Grund verspäte?
– Werde ich trotzdem den Gottesdienst besuchen, auch wenn ich am Samstag abend spät nach Hause gekommen bin?
– Wo will ich die Grenze ziehen in bezug auf akzeptables Verhalten: Küssen? Intensives Küssen? Petting? Geschlechtsverkehr?
– Was betrachte ich als faire Zeitspanne, das Auto auszuleihen? Wie werde ich darum bitten, das Auto benutzen zu dürfen? Ist Sicherheit beim Fahren für mich oberstes Gebot?
– Wie möchte ich durch mein Verhalten in bezug auf Verabredungen unter Beweis stellen, daß ich ein verantwortungsbewußter und reifer Teenager bin?
– Wenn ich Christ bin, welchen Einfluß haben dann mein Verhältnis zu Gott und mein Zeugnis für andere auf die Art und Weise meiner Verabredungen?

Verändern und ergänzen Sie diese Liste so, daß Sie dem Alter sowie den spezifischen Bedürfnissen und Umständen Ihrer Kinder entspricht.

4. Geben Sie Ihrem Kind die Liste der Fragen, mit denen es sich beschäftigen soll. Bei dieser Gelegenheit können Sie Ihren Sohn/Ihre Tochter vielleicht auch fragen, ob er/sie sich einen bestimmten Bibelvers für diesen neuen Abschnitt in seinem Leben aussuchen möchte. Vielleicht hat Ihr Kind auch schon einen Lieblingsvers, den es bei dieser Gelegenheit wiederholen möchte.
5. Geben Sie Ihrem Kind genug Zeit, um über seine Maßstäbe nachzudenken und die Regeln abfassen zu können. Ermutigen Sie Ihren Sohn/Ihre Tochter auch, im Gebet um die richtigen Entscheidungen zu ringen. Weisen Sie darauf hin, daß die Regeln vor der ersten Verab-

redung festgelegt sein *müssen.* Versichern Sie Ihrem Teenager, daß auch Sie als Eltern für ihn beten.

6. Wenn Ihr Kind seine Liste fertiggestellt hat, vereinbaren Sie einen Termin, um gemeinsam darüber zu sprechen. Dazu gibt es verschiedene Möglichkeiten: man kann zu Hause zwanglos darüber reden; die Eltern können mit Ihrem Teenager abends in ein Restaurant gehen und während des Essens über diese Fragen sprechen; oder nur der gleichgeschlechtliche Elternteil und der Teenager tauschen sich während eines Abendessens außer Haus über dieses Thema aus. (Wenn Sie alleinerziehend sind und ein Kind des anderen Geschlechts haben, können Sie vielleicht einen guten Freund/ eine gute Freundin bitten, mit Ihrem Kind diese Fragen zu besprechen. Diese Person sollte ein reifer Christ sein und Ihr Vertrauen ebenso genießen wie das Ihres Kindes, damit Ihr Sohn/Ihre Tochter gern mit ihr ausgehen und offen mit ihr sprechen kann.) Manche Eltern schenken bei dieser Gelegenheit ihren Kindern etwas, das sie symbolhaft an ihre Entscheidung und ihr Versprechen erinnern soll, ihre Reinheit zu bewahren. Wählen Sie die Möglichkeit, die der Persönlichkeit Ihres Kindes am besten entspricht. Die Tatsache, daß Sie dieser Angelegenheit soviel Zeit und Aufmerksamkeit widmen, wird Ihrem Teenager deutlich machen, *wie wichtig sie für Sie ist.*
7. Besprechen Sie auch den ausgewählten Bibelvers mit Ihrem Teenager.
8. Beenden Sie das Gespräch mit einem Gebet. Bitten Sie Gott, daß er Ihrem Kind hilft, weise Entscheidungen zu treffen und geistig/geistlich, seelisch und körperlich rein zu bleiben in diesem aufregenden neuen Lebensabschnitt.

Vorschläge

Es sei noch einmal betont, wie wichtig es ist, daß der Teenager sich selbst Maßstäbe setzt und Richtlinien festlegt. Wir haben unserem Sohn gesagt, daß diese Richtlinien die Voraussetzung für unsere Erlaubnis zu seinen Verabredungen sind und bestimmte Dinge behandeln müssen, aber er selbst hat die Liste zusammengestellt. Ich glaube, wenn ein Teenager sich selbst Maßstäbe gesetzt hat, wird er sie als seine eigenen betrachten und sich für ihre Einhaltung verantwortlich fühlen.

Gewiß wird es Punkte geben, wo Sie und Ihr Kind unterschiedliche Vorstellungen von dem haben, was angemessen und akzeptabel ist. Lassen Sie in dem Gespräch darüber unbedingt deutlich werden, daß die

Meinung des Teenagers geachtet wird, und versuchen Sie, wo immer möglich, Kompromisse zu finden. Empfindet der Teenager den Ton des Gesprächs als: „Wir sind die Eltern, und du wirst machen, was wir sagen“, verliert die Liste meiner Meinung nach sehr viel an Bedeutung. Wir haben festgestellt, daß Teenager durchaus bereit sein können, zu verhandeln und Kompromisse zu schließen, vorausgesetzt, man läßt sie spüren, daß Ihre Meinung ernstgenommen wird und sie wesentlich zur Entscheidungsfindung beitragen.

Schließlich, meine ich, sind wir uns als christliche Eltern darüber einig, daß ein entscheidender Teil dieses Prozesses in *Gebet* besteht: bevor unsere Kinder überhaupt mit Verabredungen beginnen, wenn sie dann ausgehen, ja immer in diesem enorm wichtigen Abschnitt ihres Lebens. Und noch etwas: unsere Teenager dürfen auch wissen, daß wir für sie beten. Wie könnten wir ihnen noch besser zeigen, daß wir sie lieben?

Camping mit Teenagern

Material

- Planung und Zeit für einen Campingausflug mit Ihren Teenagern (vielleicht möchten Sie den Ausflug mit Angeln, Bootfahren, Wandern, der Besichtigung historischer Sehenswürdigkeiten oder ähnlichem verbinden)
- Campingausrüstung: Zelt, Schlafsäcke, Kochgeschirr, Lebensmittel, Kleidung, Dinge des persönlichen Bedarfs, Sportgeräte
- Holz und Streichhölzer für ein Lagerfeuer
- Bibeln

Zeit

Dieser Ausflug ist bestens geeignet für besonders prägsame Zeiten im Leben Ihrer Teenager, bzw. der Kinder, die vor dem Eintritt in die Teenagerjahre stehen: zum Beispiel, wenn ein neuer Abschnitt in ihrem Schulleben beginnt, wenn Ihr Kind besonders offen zu sein scheint für den Einfluß und die Freundschaft seiner Eltern. Aber auch, wenn es das gerade nicht und deshalb sehr auflehnend ist, wird eine Zeit, gemeinsam mit Ihnen, weg von zu Hause, bestimmt heilsam sein.

Durchführung

1. Planen Sie gemeinsam mit Ihren Teenagern einen Ausflug mit wenigstens zwei Übernachtungen. Die Teenager dürfen entscheiden, ob sie zum Beispiel lieber wandern oder historische Stätten besichtigen wollen, den Ort und die Mahlzeiten wählen usw.
2. Kaufen Sie alles, was Sie für den Ausflug brauchen, und beladen Sie dann gemeinsam das Auto. Versuchen Sie, bei den Vorbereitungen soviel wie möglich *gemeinsam* zu tun.
3. Bemühen Sie sich, während des Ausflugs die Atmosphäre so freundlich und entspannt wie möglich zu gestalten. Eine straffe Tagesordnung elterlicherseits würde Ihren Teenager vermutlich nur „erschießen".
4. Machen Sie, wenn möglich, jeden Abend ein Lagerfeuer. Das könnte eine ausgezeichnete Gelegenheit sein, mit Ihrem Teenager tiefer ins

Gespräch zu kommen. Vielleicht möchten Sie folgendermaßen an diese gemeinsame Zeit herangehen:

a. Stellen Sie Fragen, die sich nicht so schnell erschöpfen, wie: Wie sieht dein Leben im Augenblick aus? Das Wichtigste dabei ist, daß Sie Ihrem Teenager *aktiv zuhören*. So wird der Inhalt der *nächsten* Frage von Ihrer Fähigkeit bestimmt, „versteckte", nonverbale Antworten zu sondieren: zum Beispiel den Blick abwenden, Köperbewegungen von Ihnen weg, nervöse, eilige Handlungen; Gefühle, die in der Art zu sprechen zum Ausdruck kommen (zögernd, überstürzt, sehr stark gefühlsbetont); Hinweise auf tieferliegende Probleme oder Konflikte, wie sie zum Beispiel in folgender Antwort deutlich werden: „Es gibt nichts Neues, seitdem ich nicht mehr das beliebteste Mädchen in der Klasse bin." Wenn Sie aufmerksam zuhören und diese versteckten Hinweise und Zeichen verstehen, wird es hoffentlich zu dem persönlichen Gespräch kommen, das Ihr Sohn oder Ihre Tochter braucht.
   Haben Sie erst einmal ein Gebiet herausgefunden, auf dem Ihr Kind Probleme hat, müssen Sie möglicherweise weitere Fragen stellen, wie z. B.: Was meinst du damit? Fühlst du dich einsam/frustriert/abgelehnt? (Versuchen Sie an dieser Stelle diese Gefühle mit Beispielen aus Ihrem eigenen Erleben zu beleuchten.) Empfindest du genauso? (Falls Sie mit Ihrem Beispiel danebengegriffen haben, versuchen Sie es noch einmal mit einem anderen.) Von Ihrer Fähigkeit sich mitzuteilen hängt oft die Bereitschaft des Teenagers ab, ebenfalls offen zu reden. Und noch einmal, achten Sie auf die nichtverbalen Äußerungen, die oft mehr sagen als Worte.
b. Ermutigen Sie Ihr Kind, über Dinge zu sprechen, die ihm an Ihnen als Eltern nicht gefallen; wodurch es sich verletzt, beschämt, verärgert, entfremdet oder gar abgelehnt fühlt. Achten Sie wiederum sehr aufmerksam und hellhörig auf alle Hinweise in den Antworten, um eventuell noch genauer nachzuhaken.
c. Schon vor dem Ausflug sollten Sie nachdenken, über welche Bereiche Sie und Ihr Teenager einmal sprechen müßten. Zu den wichtigsten Bereichen im Leben eines Teenagers gehören: die Beziehung zu Ihnen als Eltern, das Verhältnis zu seinen Kameraden, seinen Lehrern, seinem Freund/seiner Freundin, seinen Geschwistern; seine schulischen und sportlichen Fähigkeiten und Leistungen – die sich daraus ergebende Selbsteinschätzung; sein Äußeres und die daraus folgende Annahme durch seine Altersgenossen; und nicht zuletzt sein Verhältnis zu Gott.

Beachten Sie bitte, daß das Grundthema, welches in allen Bereichen wiederzukehren scheint, mit zwei Worten zusammengefaßt werden kann: Annahme oder Ablehnung. Wenn sich ein Teenager abgelehnt *fühlt*, dann ist das – möglicherweise entgegen den Tatsachen, und vielleicht auch unabhängig von Ihrer Sicht als Eltern – für ihn oder sie schlicht und einfach die Wahrheit. Diese Gefühle zu bestreiten und sie dadurch aus der Welt schaffen zu wollen, wird das Problem *nicht* lösen. Versuchen Sie statt dessen, sich mit Ihrem Kind zu identifizieren und Beispiele zu nennen, wo Sie sich in ähnlicher Weise abgelehnt gefühlt haben. Erst dann können Sie beginnen, dem Gefühl des Abgelehntseins entgegenzuwirken, indem Sie Ihrem Teenager versichern, daß Gott ihn *unter allen Umständen* liebt, und daß auch *Sie* ihn lieben werden, was auch immer geschieht. Doch Vorsicht: Sagen Sie diese Worte nur, wenn Sie sie auch wirklich so meinen! Teenager spüren genau, ob eine Antwort ehrlich gemeint ist.

Denken Sie vor allen Dingen daran, daß dies keine Zeit ist, in der Sie als Eltern Lektionen erteilen, und versuchen Sie vielmehr, die Atmosphäre und das Gespräch so partnerschaftlich wie möglich zu gestalten. Natürlich wird das auch vom Alter und der Reife Ihres Sohnes/Ihrer Tochter abhängen. Vergessen Sie aber auf keinen Fall, daß sich die Beziehungen zu Ihrem Kind in einer Phase der Veränderung befinden. Langsam aber sicher muß aus der Eltern-Kind-Beziehung ein Verhältnis zwischen zwei Erwachsenen werden. Dieser Campingausflug bietet eine ausgezeichnete Möglichkeit, Zeichen für Ihre künftige Beziehung zu setzen und Ihrem Teenager zu versichern, daß Sie es gestatten werden, ja sogar wünschen, daß sich dieser Wandel in Ihren Beziehungen vollzieht.

5. Vielleicht möchten Sie auch gemeinsam Gottes Wort studieren. Ist Ihr Teenager dagegen, würde ich es nicht erzwingen. Denken Sie immer an die folgende wichtige Tatsache: die Grundlage für eine gute Kommunikation mit Ihrem Teenager bildet die *Beziehung* – zu Ihnen, zu seinen Freunden, zu seinen Geschwistern, zu seinen Lehrern. Und die Grundlage für alle diese Beziehungen – wie immer sie auch aussehen und sich auswirken – *ist die Beziehung zu Gott.* Glauben Sie also bitte nicht, daß Sie Ihrem Teenager nicht helfen, geistlich zu wachsen, nur weil Sie während dieses Ausflugs keinen Bibelabschnitt durcharbeiten. Ihr Zusammensein, die gelebte Liebe zeigen Ihrem Teenager vielleicht deutlicher als irgend etwas anderes, daß Gottes Wort lebendig ist und unser Leben verändert.

6. Lassen Sie schließlich den Spaß nicht zu kurz kommen. Lachen Sie viel (und wenn Sie über sich selbst lachen können, auch auf Ihre Kosten).

Vorschläge

Als Jugendpfarrer war Craig immer wieder erstaunt darüber, wie schnell selbst die stillsten und verschlossensten Teenager am Lagerfeuer „auftauten“. Deshalb haben wir schon vor Jahren beschlossen, diese warme und vertrauenerweckende Atmosphäre zu nutzen, um mit unseren Kindern besser ins Gespräch zu kommen – und sie mit uns.

Wir haben einige Fragen genannt, die man speziell mit Teenagern am Lagerfeuer ansprechen könnte. Noch wichtiger als die Fragen selbst ist jedoch unsere Haltung. Wir müssen *aktiv* zuhören (das ist *kein* passiver Vorgang, wir müssen aufmerksam auf nonverbale Äußerungen und „versteckte“ Antworten achten), um dann behutsam und geschickt tiefer ins Gespräch zu kommen und über Probleme sprechen zu können.

Zum Schluß noch eine Warnung: überprüfen Sie vor dem Ausflug Ihre eigenen Erwartungen. Ich glaube, wir alle müssen uns als Eltern eingestehen, daß unsere Erwartungen oft das übersteigen, was wir in Wirklichkeit erreichen können. Wenn wir das einmal erkannt haben, sind wir der Realität schon ein Stück nähergekommen. So sollten wir getrost und mutig vorangehen, Schritt für Schritt, um mit unseren Teenagern im Gespräch zu bleiben und an unserer Beziehung zu arbeiten. Auch der kleinste Schritt bringt uns voran!

6. Einfach nur Spaß!

Familiengeschichten

Material

– eine Schreibmaschine und einen Kopierer oder einen Computer (natürlich kann man die Familiengeschichte auch von Hand schreiben)
– Notizpapier
– Stift

Vorbereitung

Wenn Ihre Kinder alle schon lesen können, empfiehlt es sich, für jeden eine Kopie der Familiengeschichte anzufertigen. (Sind mehrere Kinder in Ihrer Familie noch jünger, braucht man nur ein Exemplar, das von einem Elternteil vorgelesen wird.) Überschreiben Sie die Geschichte mit: „Die Chronik der Familie ...“ und schneiden Sie sie genau auf Ihre Familie zu. Unsere Geschichte lautete so:

Die Chronik der Familie Williford

Es war einmal eine Familie mit Namen Williford. Craig, der Vater, trug den Spitznamen ..., und Carolyn, die Mutter, wurde auch ... genannt. Der älteste Sohn, Robb, war ... und Jay, sein jüngerer Bruder, hieß auch ... Sogar ihr Hund Bojangles hatte einen Kosenamen; sie nannten ihn ...

Vaters Lieblingssport war ..., obwohl er wie ein(e) ... aussah, wenn er spielte. Die Mutter ... gern, obwohl ihre Beine immer ..., wenn sie lief. Rob spielte gern ..., wenn auch sein Gesicht ... aussah, wenn er gewonnen hatte, und Jay ... am liebsten, obgleich sein Haar am Ende ... Für Bojangles war ... das Beste, was er sich je vorstellen konnte, und er sah immer ... aus.

Die Familie Williford erfreute sich noch an weiteren außergewöhnlichen Aktivitäten. Wenn niemand zusah, ... der Vater. Mutter dachte, niemand könne so gut ... wie sie. Robb konnte gleichzeitig laufen und ..., während Jay im Schlaf ... konnte, so gut war er auf diesem Gebiet. Bojangles lernte ..., schaute er doch Vater stets dabei zu.

Überraschte die Willifords jemand oder etwas, dann taten sie seltsame Dinge. Der Vater ... solange, bis er zehn Pfund zugenommen hatte, und Mutter ..., bis sie die ganze Familie verrückt gemacht hatte. Robb sprang zwei oder drei Tage auf ...; Jay wackelte meist mit seinem ..., bis er ... und erschöpft hinfiel. Wenn Bojangles überrascht war, konnte sein Schwanz seltsame Kunststücke vollführen; er sah dann aus wie ein(e) ...

Ich muß zugeben, daß die Willifords schon etwas außergewöhnlich aussahen. Der/die/das ... des Vaters war der/die/das größte, die ich je gesehen habe, und Mutters ... war auch nicht gerade winzig. Robbs ... schien bis an seine Nase zu reichen, und Jays ... sah aus wie der/die/das eines Dinosauriers. Bojangles ... ließ jeden Hund in der Nachbarschaft „vor Lachen aufjaulen".

Wie Sie sehen, ist das keine normale Familie. Die vier Worte, die diese Willifords am besten beschreiben, lauten ..., ..., ... und ... Und Bojangles ist einfach ...!

– Ende –

Achtung: passen Sie Ihre Geschichte unbedingt den Eigenheiten Ihrer Familie an!

Fertigen Sie eine dazugehörige Wortliste an; je nach Alter Ihrer Kinder verwenden Sie die Bezeichnungen Substantiv, Adjektiv, Verb, oder Sie erfragen Gegenstände, Eigenschaftswörter und Tätigkeiten. Folgende Liste gehörte zu unserer Geschichte:

1. Spitzname
2. Spitzname
3. Spitzname
4. Spitzname
5. Spitzname
6. Hobby oder Sportart
7. Adjektiv (oder Eigenschaftswort; nennen Sie Beispiele)
8. Hobby oder Sportart
9. Adjektiv

10. Hobby oder Sportart
11. Adjektiv
12. Hobby oder Sportart
13. Adjektiv
14. Hobby oder Sportart
15. Adjektiv
16. Verb (oder eine Tätigkeit)
17. Verb
18. Verb
19. Verb
20. Verb
21. Verb
22. Verb
23. Möbelstück
24. Körperteil
25. Verb
26. Substantiv (etwas Langes, Dünnes)
27. Körperteil
28. Körperteil
29. Körperteil
30. Körperteil
31. Körperteil
32. Adjektiv
33. Adjektiv
34. Adjektiv
35. Adjektiv
36. Adjektiv

Durchführung

1. Beginnen Sie mit einem Gebet und bitten Sie Gott, daß er Ihr fröhliches Beisammensein segnet.
2. Nehmen Sie Ihre Wortliste heraus, und erläutern Sie Ihrer Familie, daß sie Ihnen bei der Fertigstellung einer wichtigen Geschichte helfen muß. Für das Ausfüllen der Wortliste gibt es zwei Möglichkeiten: entweder nennt der Reihe nach jeder ein Wort, oder jeder darf eine Antwort reinrufen, und Sie schreiben jeweils die originellste (oder lustigste) auf. Für ältere Kinder ist im allgemeinen die erste, und für Kinder, die noch jünger sind, die zweite Möglichkeit am besten geeignet.

Gehen Sie die gesamte Liste durch, und schreiben Sie die Wörter *gut leserlich* auf.

3. Haben Sie für jeden eine Kopie der Geschichte bereit, dann geben Sie an dieser Stelle jedem ein Exemplar. Lesen Sie die Geschichte langsam vor, und setzen Sie jeweils die vorgeschlagenen Wörter ein. Warten Sie stets so lang, bis alle genug gelacht haben!
4. Danken Sie zum Schluß Gott im Gebet für das Lachen und die Freude, die Sie als Familie hatten.

Vorschläge

Ich kann mich erinnern, wie wir dieses Spiel in der Schule gemacht und wieviel wir dabei gelacht haben. Mir war überhaupt nicht bewußt, daß unser Lehrer diese Geschichten als kreatives Hilfsmittel benutzte, um unsere Grammatikkenntnisse aufzufrischen. Ich weiß nur noch, wieviel Spaß wir mit den lustigen Wortkombinationen und ulkigen Situationen hatten, die dabei entstanden.

Achten Sie aber bitte darauf, daß der Spaß nicht in Grausamkeit gegenüber einem sensiblen Kind ausartet. Deshalb sollte das Elternteil, das die Worte aufschreibt, darauf achten, daß keine Kombinationen entstehen, die empfindsame Bereiche berühren und den Betreffenden verletzen könnten. Ebenso könnte ein Kind, dessen Selbstbewußtsein zu diesem Zeitpunkt gerade beeinträchtigt ist, sich noch mehr verletzt fühlen.

Wie gewöhnlich, gab es bei uns am meisten über Mutti zu lachen, und daß Vatis *Gehirn* das größte war, das man je gesehen hatte, trug natürlich auch zur allgemeinen Erheiterung bei!

Flaschenball

Material

- einige leere Zweiliter-Plastikflaschen
- einen *alten* Tennisschläger
- Malmarkierungen

Vorbereitung

Spülen Sie die leeren Plastikflaschen aus; verschließen Sie die Kappen wieder fest.

Verteilen Sie die Malmarkierungen gleichmäßig in Ihrem Garten oder Hof. (Vielleicht möchten Sie auch auf dem Sportplatz o.ä. spielen).

Durchführung

1. Kündigen Sie an, daß Sie ein neues Spiel, „Flaschenball", spielen wollen. Es wird genauso gespielt wie Baseball, mit zwei Unterschieden: man benutzt einen Tennis- anstelle eines Baseballschlägers und leere Zweiliterflaschen als Bälle. Da diese „Bälle" sehr schnell kaputtgehen, werden mehrere gebraucht.
2. Teilen Sie so gerecht wie möglich zwei Mannschaften ein. Wechseln Sie sich als Feld- bzw. Außenfeldspieler ab. Wenn Ihre Familie nicht so groß ist wie unsere, könnten Sie vielleicht unsere Regeln für Mannschaften mit zwei Spielern übernehmen:
   1. Bleibt die Flasche im Außenfeld liegen, so ist das, wie bei Baseball, automatisch ein Aus. 2. Gibt der Außenfeldspieler die Flasche an den Werfer zurück, *bevor der Schlagmann das erste Mal erreicht,* dann ist der Schlagmann ausgeschlagen. 3. Schafft der Läufer es beim Abschlag seines Mannschaftskameraden nicht, dann schlägt dieser Läufer noch einmal, während das andere Mannschaftsmitglied zum entferntesten Mal läuft. 4. Wechseln Sie solange die Stellung, bis die gegnerische Mannschaft drei Aus erzwungen hat.
3. Spielen Sie so viele Durchgänge, wie es Ihnen Spaß macht, oder bis alle Flaschen kaputt sind!

Der Drang, alte Gegenstände schöpferisch einzusetzen, muß wohl in unserer Familie liegen, denn dieses Spiel wurde von meinen *Söhnen* erfunden! Craig und ich hatten nur beobachtet, wie sie die ganze Zeit lachten und sich prächtig amüsierten, während sie „Flaschenball“ spielten. Wir fragten uns, was in aller Welt dieses Spiel so amüsant machte, was ihnen dabei soviel Spaß bereitete. Kamen ihre Freunde zu uns, mußten sie natürlich das neue Spiel kennenlernen. Schon bald hörte ich, wie sich ihre Eltern beschwerten: „Wir müssen unsere Getränke jetzt in Zweiliter-Plastikflaschen anstatt in Dosen kaufen. Unsere Kinder bestehen darauf, denn sie wollen damit ‚Flaschenball' spielen!“

So überredeten unsere Söhne Craig und mich schließlich zu unserem ersten „Flaschenball“-Spiel. Ich weiß nicht, ob der Spaß daher rührt, wie man gegen die Flasche schlägt (Der Ton, der dabei entsteht, ist wunderbar!), oder daß man einem ohnehin ruinierten Tennisschläger noch weiter zusetzt, daß man etwas zerstört, was sowieso für den Müll bestimmt war (und damit aufgestauten Frust los wird), ob es die sagenhaften Ergebnisse sind (es ist nicht leicht, mit einem Tennisschläger eine Flasche zu verfehlen) oder einfach die Freude an einem so lächerlichen Spiel?!

Vielen Dank, Robb und Jay. „Flaschenball“ ist tatsächlich ein kreatives und lustiges Spiel, das ungeahnte Möglichkeiten bietet!

„Verrückte Partnerstafette“

Material

– Luftballons (ca.12 cm im Durchmesser)
– Posterkarton (zwei Stück oder mehr) oder ein großer Pappkarton
– Filzstifte
– Klammeraffe und Klammern
– Notizpapier
– Schere
– Stift
– Tesafilm
– lange, dünne Stoffstücke, mit denen man zwei Personen an den Handgelenken zusammenbinden kann – vielleicht Schals
– Bibeln
– verschiedenes Spielzubehör (Cracker, Eiskrem, Tassen, Kamm, Zahncreme, Zahnbürsten ... und was Ihnen sonst noch einfällt)
– Stecknadeln oder Pinstifte zum Zerstechen der Luftballons
– eine Spielanleitung

Bibelstellen: Bei uns mußten folgende Bibelstellen aufgesucht und vorgelesen werden:
Jeremia 31,29
Jesaja 5,22
Psalm 19,11
1. Tim. 5,10
Ruth 4,7
2. Thessalonicher 3,10
Lukas 12,22

Vorbereitung

Überlegen Sie, wie Sie Ihre Familie am besten in Mannschaften aufteilen. In unserer vierköpfigen Familie hatten wir zwei Mannschaften: Craig und Robb; Jay und ich. Gehören mehr als vier Personen zu Ihrer Familie, möchten Sie vielleicht auch mehr als zwei zusammenbinden (drei Mann – am Handgelenk zusammengebunden – das könnte interessant werden!), oder mehr Mannschaften bilden (in diesem Fall brauchen Sie dann auch zusätzliche Spieltafeln).

Verrückte
Partner-
stafette

Schreiben Sie Spielregeln auf; unsere lauteten so:

a. Das Spiel heißt „Verrückte Partnerstafette", weil jede Mannschaft so schnell wie möglich sieben Punkte erfüllen muß, *während die Mannschaftsmitglieder an den Handgelenken zusammengebunden sind.*

b. Die Punkte 1-7 müssen in der richtigen Reihenfolge ausgeführt werden.

c. Als erstes wird der Luftballon zerstochen, und als zweites die angegebene Bibelstelle gelesen: einer schlägt die Stelle auf, der andere liest sie laut vor. (Bei jedem neuen Punkt wird abgewechselt, wer aufschlägt und wer liest.)

d. Lest die Anweisungen unter der Bibelstelle. Was auch immer gefordert wird: Vati tut das zunächst für Robb, und anschließend Robb für Vati. Lautet die Anweisung zum Beispiel: bürste dein Haar, muß Vati Robbs Haar bürsten, und dann Robb Vatis. (In gleicher Weise gehen Mutti und Jay vor.) Es ist nicht erlaubt, seinem Mannschaftskameraden bei der Erfüllung seiner Aufgabe zu helfen! Außerdem muß jeder jeweils die Sachen desjenigen benutzen, an dem er die Aufgabe ausführt. So müssen zum Beispiel Vati und Robb nach unten gehen, um Robbs Haarbürste für Robbs Haar zu holen; anschließend müssen die beiden nach oben gehen, um Vatis Bürste zu holen, damit Robb ihm damit das Haar bürsten kann. Vergeßt nicht, daß ihr stets an den Handgelenken zusammengebunden bleiben müßt!

e. Wenn beide ihre Aufgabe erfüllt haben, geht ihr wieder zurück zur Spieltafel, um den nächsten Luftballon zu zerstechen, die Bibelstelle vorzulesen und herauszufinden, welche Aufgabe als nächstes erfüllt werden muß. Geht in gleicher Weise bei allen sieben Ballons vor.

f. Beide Mannschaften haben die gleichen Aufgaben zu erfüllen; diese sind jedoch in unterschiedlicher Reihenfolge aufgeführt, um Zusammenstöße möglichst zu vermeiden.

g. Gibt es noch Fragen? Wenn nicht, dann binden sich die Mannschaften an den Handgelenken zusammen, und das Spiel beginnt!

Passen Sie Ihre Spielregeln der Größe Ihrer Familie, dem Alter und den Fähigkeiten Ihrer Kinder an. Lassen Sie Ihrer Phantasie freien Lauf, um soviel Spaß wie möglich vorzuprogrammieren!

Fertigen Sie die Spieltafeln an; für jede Mannschaft brauchen Sie eine. Man kann Pappkartons so aufschneiden, daß die fertige Tafel zum Schluß aufrecht steht. (Wenn Sie Posterkarton verwenden, müssen Sie noch einen Ständer basteln, damit die Tafel aufrecht stehen kann.) Schreiben Sie auf jede Spieltafel oben mit leuchtenden Farben: „Verrückte Partnerstafette"! Für zwei Mannschaften brauchen Sie vierzehn Luftballons, die Sie an den Tafeln festklammern. (Bedenken Sie, daß die Tafeln so groß sein müssen, daß jeweils sieben aufgeblasene Luftballons darauf Platz finden.)

Als nächstes schneiden Sie aus Notizpapier (für zwei Mannschaften) 28 etwa 10x10 cm große Zettel. Schreiben Sie für jede Mannschaft die sieben Bibelstellen auf je einen Zettel und die sieben Aufgaben ebenso auf je einen getrennten Zettel. Zu unserem Spiel gehörten folgende Bibelstellen und Aufgaben:

+ Putze deine Zähne – Jeremia 31,29
+ Kämme dein Haar – Psalm 19, 11
+ Ziehe einen anderen Socken an – 1. Timotheus 5, 10
+ Iß einen Cracker – Lukas 12, 22
+ Ziehe einen anderen Schuh an – Ruth 4, 7
+ Trinke eine halbe Tasse Wasser – Jesaja 5, 22
+ Iß eine Portion Eis – 2. Thessalonicher 3, 10

(Wie in den Spielregeln erwähnt, habe ich die Reihenfolge der Aufgabenstellungen für die beiden Mannschaften jeweils unterschiedlich gewählt; mit Ausnahme der Eiskrem – das war die letzte Anweisung für beide Mannschaften.) Es empfiehlt sich, die Bibelverse und Aufgabenstellungen zu numerieren, nachdem man sie auf Zettel geschrieben hat.

Bringen Sie nun alle sieben Aufgaben wie folgt auf den Spieltafeln an: befestigen Sie als erstes den Zettel mit der Aufgabenstellung, darüber den Zettel mit dem Bibelvers und zum Schluß den aufgeblasenen Luftballon, so daß beide Zettel verdeckt werden.

Legen Sie alles benötigte Material für später bereit.

Durchführung

1. Danken Sie Gott im Gebet für diesen Abend, an dem Sie sich gemeinsam freuen wollen.
2. Erklären Sie Ihrer Familie, was Sie spielen wollen, und lesen Sie die Spielregeln vor. Vergewissern Sie sich, daß jeder die Spielregeln und das Ziel des Spiels begriffen hat. (Achten Sie beim Zusammenbinden auch darauf, ob es sich um Rechts- oder Linkshänder handelt. Je nach Alter Ihrer Kinder möchten Sie das Spiel vielleicht auch leichter oder schwerer machen.)
3. Amüsieren Sie sich bei dem ausgelassenen Treiben – und den zuweilen unangenehmen Aufgaben! Tauschen Sie sich zum Schluß – wäh-

rend Sie sich gegenseitig mit Eis „füttern“ – über die lustigsten und unangenehmsten Augenblicke aus.

4. Schließen Sie mit Gebet, und danken Sie Gott für Ihre Familie.

Vorschläge

Ich bin oft erstaunt, welche Ideen mir in den Kopf kommen. (Und frage mich zuweilen, woher sie kommen . . .) Die Idee zu diesem Spiel kam, als ich schon fast am Einschlafen war – und dann lag ich da und kicherte vor mich hin in Vorfreude auf den Spaß, den wir haben würden.

Es ist unheimlich schwierig, einem anderen die Zähne zu putzen oder einen Schuh anzuziehen, besonders wenn man nur eine Hand frei hat und meterlange Schnürsenkel durch hundert Ösen ziehen muß . . .! Und wie haben wir uns mit Eiskrem beschmiert! (Craig meinte, es wäre noch lustiger gewesen, sich gegenseitig mit Kuchen zu füttern! Vielleicht möchten Sie das ausprobieren?) Auch unser Hund war wieder mit dabei, rannte bellend die Treppen auf und ab und stand gewöhnlich auf jeder Stufe im Weg.

Dieses Spiel wurde bei uns zu einem Renner. Den Jungs machte es Riesenspaß, und wir alle amüsierten uns prächtig. Zum Schluß noch schnell eine Warnung an alle Eltern: Führen Sie dieses Spiel nur zu einem Zeitpunkt durch, wo Sie genügend Energie haben!

„Kleine Parodien“

Material

– Requisiten für kleine Sketche

Vorbereitung

Überlegen Sie, wie Sie Ihre Familie am besten in zwei Mannschaften einteilen, und welche „kleinen Ärgernisse“ Ihres Familienalltags sich für einen parodistischen Sketch eignen. Achten Sie bei der Auswahl jedoch sorgfältig darauf, daß dadurch niemand verletzt, verärgert oder bloßgestellt wird. Das Ziel der Sketche soll es sein, alltäglichen kleinen Ärgernissen die humorvolle Seite abzugewinnen, so daß wir – hoffentlich – beim nächsten Mal darüber lachen können, anstatt uns zu ärgern.

Hier zur Anregung für Sie einige Situationen, die wir gespielt haben:

a. Unser Hund ist nicht mehr zu bremsen, wenn er hört, wie jemand von uns „Gassi gehen“ sagt. Mir macht es zuweilen Spaß, Bojangles so in Aufregung zu sehen, bevor Robb mit ihm spazierengeht, aber aus irgendeinem Grund findet Robb das überhaupt nicht amüsant. Die Idee für diesen Sketch kam von Robb.

b. Wenn Craig nach Hause kommt, nachdem er mit „den Jungs“ (das sind auf gut deutsch Männer, die wie Jungs spielen, und es am nächsten Morgen aufrichtig bereuen) ein paar Stunden Basketball gespielt hat, wirft er seine verschwitzten Sportsachen auf die Treppe zum Untergeschoß; dort bleiben sie dann solange liegen, bis er sich geduscht hat. Darüber ist Jay stets sauer, und so war das sein Vorschlag für einen Sketch.

c. Jay hat die Angewohnheit, beim Fernsehen seine Schuhe, Socken, und oft auch seinen Pulli oder sein Hemd auszuziehen, und diese Dinge einfach auf dem Fußboden im Wohnzimmer zu verteilen. Das gefällt Mutti „ganz besonders gut“, und so schlug ich vor, diese Szene zu spielen.

d. Als typischer Teenager legt Robb sehr viel Wert darauf, daß die „Grenzen seines Reichs“ respektiert werden. Deshalb ist er – gelinde gesagt – stets etwas aufgebracht, wenn jemand ohne seine ausdrückliche Erlaubnis sein Zimmer betritt. Das wiederum ärgert Vati jedesmal, der uns immer noch davon zu überzeugen versucht, daß wir „unter seiner Herrschaft“ leben. Deswegen schlug Craig vor, damit einen parodistischen Sketch zu gestalten.

Ich hoffe, diese Beispiele haben Ihnen geholfen, Situationen zu finden, die Sie spielen sollten. Noch einmal: das Ziel der Spielszenen besteht darin, daß alle darüber lachen – und hoffentlich dann auch in der Wirklichkeit über diese Dinge lächeln können, anstatt sich darüber zu ärgern.

Durchführung

1. Beginnen Sie mit Gebet; bitten Sie Gott, daß er das Lachen dazu gebraucht, daß jeder sich selbst und auch die anderen in der Familie besser kennenlernt.
2. Teilen Sie zwei Mannschaften ein. Zu jeder Mannschaft sollte möglichst die gleiche Anzahl Personen gehören. Je mehr Kinder zu Ihrer Familie gehören, um so kreativer werden die Ideen sein!
3. Erklären Sie, daß Sie kleine parodistische Sketche spielen wollen. (Vielleicht müssen Sie erläutern, daß parodieren bedeutet, etwas scherzhaft nachzuahmen.) Die Mannschaften spielen sich abwechselnd etwas vor; die andere Mannschaft muß jeweils raten, welche Situation dargestellt worden ist. Erläutern Sie, daß in den Sketchen Situationen aus dem Familienleben auf humorvolle Art und Weise nachgestaltet werden sollen, die für einen oder mehrere in der Familie ein Ärgernis bedeuten. Weisen Sie darauf hin, daß niemand dabei verletzt, geärgert oder bloßgestellt werden darf und daß das Ziel letztlich darin besteht, gemeinsam über bestimmte Gewohnheiten und Ärgernisse zu lachen.
4. Weisen Sie jeder Mannschaft einen Raum zu, wo sie entscheiden können, was sie spielen wollen, ihre Requisiten zusammentragen und verschiedene Szenen proben können. (Stellen Sie jeder Mannschaft frei, so viele Sketche zu zeigen, wie sie möchten.)
5. Wenn die Mannschaften bereit sind, beginnen Sie, abwechselnd zu spielen und zu raten. (Obwohl wir im allgemeinen sofort wußten, was mit den Szenen gemeint war, hielten wir unsere Antworten bis zum Ende der Sketche zurück, denn es machte uns allen Freude, sowohl über die Situationen als auch über die Schauspieler zu lachen.)
6. Wägen Sie ab, ob Ihre Kinder dafür offen sind, über diese oder jene Situation zu sprechen (und vielleicht auch über andere, die Ihnen jetzt noch einfallen). Das könnte eine ausgezeichnete Gelegenheit sein, manchem Ärger Luft zu machen und Dinge zu klären.
7. Schließen Sie mit einem gemeinsamen Gebet.

Für uns war dieser Abend sehr heilsam. Er stellte eine ausgezeichnete Möglichkeit dar, aufgestautem Ärger Luft zu machen und damit Konflikten vorzubeugen. Humor kann unsere Reaktionen gegenüber anderen „entschärfen" und dazu beitragen, uns selbst nicht zu ernst zu nehmen. Vielleicht entlockt uns das, was einst unseren Groll erregt hat, nur noch ein Lächeln – oder wenigstens, *nachdem* der erste Ärger verraucht ist!

Olympiade

Material

- einen Satz Murmeln (Sie brauchen auch etwas, um einen Kreis zu markieren: Kreide für draußen; Garn oder Abdeckband für drinnen.)
- Angelspiel
- Spiel: Flohhüpfen
- leere Geschenkpapierrollen (für jedes Familienmitglied eine)
- Stoppuhr
- Blockflöte
- Kerze, Streichhölzer
- Staffelstab (einen richtigen oder statt dessen ein Lineal)
- Posterkarton
- Filzstifte (alle Farben)
- Buntpapier in mehreren leuchtenden Farben
- Gläserdeckel (zum Kreisezeichnen)
- Band
- Sicherheitsnadeln
- Schere

Vorbereitung

Bereiten Sie ein Poster vor, auf dem Sie die Spiele auflisten, die zu Ihrer Olympiade gehören. Die Liste können Sie in bunten Buchstaben mit „(Ihr Familienname) – Olympiade" überschreiben und darunter die Spiele in der Reihenfolge ihrer Ausführung aufzählen. Zu unserer Olympiade gehörten folgende Spiele:

ANGELN – mit einem käuflichen Angelspiel
Wir haben solange gespielt, bis die Jungs zum nächsten „Wettkampf" übergehen wollten.

SCHARFSCHIESSEN – mit Murmeln
Auf unserem Teppich im Wohnzimmer haben wir mit Murmeln „Scharfschießen" gespielt (als Markierung verwendeten wir Garn).

SCHWIMMEN – Flöte
Ich erläuterte meiner Familie, daß Wettkampfschwimmer eine ausgezeichnete Lunge haben müssen. Derjenige, der am längsten auf der

Blockflöte blasen konnte, bewies damit, daß er die stärkste Lunge hatte.

BOGENSCHIESSEN – Flohspiel
Mit „Flohhüpfen" bestimmte Ziele zu treffen, war unsere Version für Bogenschießen.

FECHTEN – Papierrollenschlacht
In unserer Familie war es schon immer beliebt, sich mit leeren Papierrollen „Gefechte zu liefern".

STAFFELLAUF – den Stab weiterreichen beim gegenseitigen Austausch
Wir saßen um den Tisch herum, auf dem unsere Familienkerze brannte, und tauschten, während wir den „Stab weiterreichten" die schönsten Erinnerungen des vergangenen Jahres aus.

Gestalten Sie mit den Spielen und dem Material, das Ihnen zur Verfügung steht, Ihre eigene „Olympiade". Denken Sie dabei unbedingt auch an die Spiele, die Ihre Kinder besonders gern haben. Schreiben Sie die Spiele, für die Sie sich letztlich entscheiden, so auf ein Plakat, daß sie jedem sofort ins Auge stechen. (Verzichten Sie darauf, die „Hilfsgeräte" wie zum Beispiel die Murmeln, Papierrollen usw. zu erwähnen, damit es wirklich eine Überraschung wird.)

Stellen Sie alles für die Spiele benötigte Material zusammen.

Stellen Sie aus Buntpapier und Schleifenband „Medaillen" her. Mein Vorschlag ist, anstatt „1.Platz", „2. Platz" usw. beispielsweise „Herzlichen Glückwunsch" oder „Gewinner" auf die „Medaillen" zu schreiben. Auf diese Weise kann man sie sowohl den „Siegern" als auch denjenigen verleihen, die toll gespielt haben und trotzdem auf dem letzten Platz gelandet sind.

Durchführung

1. Beginnen Sie mit Gebet. Danken Sie Gott, daß es Spiele gibt, mit denen wir unseren Körper und Geist trainieren und Gemeinschaft untereinander haben können.
2. Geben Sie bekannt, daß heute abend hier die „... – Olympiade" stattfinden wird. Zeigen Sie das Poster, und verweisen Sie auf die einzelnen Sportarten, in denen Sie sich messen wollen. Erklären Sie, daß es

sowohl für die Sieger als auch für ausgezeichnete Sportler „Medaillen" geben wird.

3. Gehen Sie die einzelnen Spiele durch, und spielen Sie solange, wie es Ihnen allen Spaß macht. (Langeweile, Streit, ständiges Kichern sind zum Beispiel Hinweise darauf, zum nächsten Spiel überzugehen.)
4. Zum „Staffellauf" setzen Sie sich um den Tisch und zünden die Kerze an. Erklären Sie, daß Sie, während Sie den „Staffelstab" weitergeben, Ihre schönsten Erlebnisse aus dem vergangenen Jahr erzählen wollen. (Oder etwas anderes, von dem Sie meinen, daß sich Ihre Familie darüber austauschen sollte.) Lassen Sie den Stab so oft herumgehen, wie Sie möchten.
5. Beten Sie zum Schluß gemeinsam.

Vorschläge

Als ich meiner Familie das Plakat mit den Spielen zeigte, schauten mich „meine drei Männer" amüsiert und verwundert an. Sie waren sicher, daß wir weder angeln, schwimmen, schießen, noch fechten oder einen Staffellauf durchführen würden, und gleichzeitig gespannt, was sich ihre Mutter diesmal ausgedacht hatte!

Ich bin der Meinung, schon viel erreicht zu haben, wenn ich die Neugier meiner Familie wecken, ihr Interesse aufrechterhalten und sie mit lustigen Spielen in Atem halten kann. Mit der „Williford – Olympiade" habe ich alle drei Ziele verwirklicht. Den Abschluß bildete ein fröhlicher und herzlicher Austausch.

Nachwort

Je älter meine Söhne werden, je mehr sie sich langsam (oder vielleicht sogar schnell – zu schnell?) verändern und aus Jungen Männer werden, um so öfter stelle ich mir die Frage, wie sie als Erwachsene sein werden. Haben diese Andachten eine bleibende Wirkung hinterlassen? Haben sie unseren Söhnen geholfen, Gott besser kennenzulernen und in das Bild Christi umgestaltet zu werden, wie es sich Craig und ich so sehnlich wünschen?

Die Antworten auf diese Fragen weiß ich offensichtlich nicht, und ich kann sie auch nicht wissen; sie sind Teil der *Zukunft*, die unbekannt vor uns liegt. Ich bin jedoch verantwortlich für *das Jetzt, das Heute*, in dem wir leben. Jetzt kann ich eine Atmosphäre, kann ich Gelegenheiten schaffen, die es meinen Kindern ermöglichen, geistlich zu wachsen. Mit anderen Worten: ich kann heute in die Zukunft investieren. Deshalb führt unsere Familie Woche um Woche, Jahr um Jahr ihre Familienandachten durch.

Natürlich kostet das Zeit und Kraft, und es bedeutet auch, nein zu sagen zu anderen lohnenden Aktivitäten. Obgleich wir trotzdem nicht ahnen, was die Zukunft unseren geliebten Söhnen bringen wird, wissen Craig und ich bestimmt, daß uns im Hinblick auf Andachten in unserer Familie nie die Frage quälen wird: *Warum haben wir nicht ...?*

Und wie steht es bei Ihnen?

Verzeichnis der Bibelstellen

Bibelstelle	Titel der Andacht
1. Mose 30,22-24	Selbstsucht: „Ich will-Syndrom"
2. Mose 16	Dank und Manna
2. Mose 28,15-21	Lektionen aus 4. Mose: Familienbanner
4. Mose 3,5-13	Lektionen aus 4. Mose: Familienbanner
4. Mose 10	Lektionen aus 4. Mose: Familienbanner
4. Mose 11	Lektionen aus 4. Mose: „Lustgräber"
5. Mose 8,10-18	Dank und Manna
Josua 1,9	Papierrollenschlacht
Josua 6	" "
Josua 7	" "
Josua 8,1-29	" "
Josua 9,1-18	" "
Josua 10,5-16	" "
Ruth 4,7	Verrückte Partnerstafette
Hiob 12,7	Das Tierspiel
Psalm 19,11	Verrückte Partnerstafette
Psalm 139,13-16	Selbstporträt: Interview
Sprüche 12,25	Sprüche: Zusätzliches Gepäck
Sprüche 18,5-9	Sprüche: Zusätzliches Gepäck
Sprüche 19,20	Schluß mit dem Schimpfen: Der Vertrag
Prediger 4,7-12	Ein neues Schuljahr beginnt: „Die dreifache Schnur"
Jesaja 5,22	Verrückte Partnerstafette
Jesaja 40,28-31	Willkommene Abwechslung im Winter
Jesaja 57,12	Motivationen: Gott kennt unser Herz
Jesaja 64,6	Motivationen: Gott kennt unser Herz

Jeremia 31,29	Verrückte Partnerstafette
Hesekiel 1,10	Lektionen aus 4. Mose: Familienbanner
Habakuk 3,17-18	Über Klagen und Dankbarkeit zu einem Entschluß
Matthäus 5,13-16	„Ihr seid das Licht der Welt“
Matthäus 20,25-28	Selbstsucht: Der Mittelpunkt meiner Welt
Lukas 12,22	Verrückte Partnerstafette
Johannes 12,23-26	Selbstsucht: Der Mittelpunkt meiner Welt
Johannes 15,18-21	Mit Kritik umgehen lernen: Werbematerial sichten
2. Korinther 1,3-7	Mitgefühl entwickeln: „In den Mokassins eines anderen laufen“
2. Korinther 5,16-21	Motivationen: Gott kennt unser Herz
Epheser 4,2-3	Ein neues Schuljahr: „Einen Schnurrbart wachsen lassen“
Epheser 6,10-18	Weihe eines Familienmitglieds: Anlegen der Waffenrüstung Gottes
Philipper 2,1-11	Selbstsucht: Der Mittelpunkt meiner Welt
Philipper 4,4-13	Silvesterabend: Vergangene und zukünftige Ziele
Kolosser 3,12-14	Ein neues Schuljahr: „Einen Schnurrbart wachsen lassen“
1. Thessalonicher 3,10	Verrückte Partnerstafette
1. Timotheus 5,10	Verrückte Partnerstafette
1. Petrus 5,5-9	Sprüche: Zusätzliches Gepäck
1. Johannes 3,16-20	Freude am Helfen: Pakete packen
Offenbarung 4,7	Lektionen aus 4. Mose: Familienbanner